東京でも食べられるけれど、食べに行くことに意義がある（上海）

食べ歩きのついでに絶景見学してみたり（武陵源）

ついつい市場へ足が向くのは食いしん坊だからか（上海）

美味しいものを探してさらに奥地へ（鳳凰）
花より団子、とはいえ花も気になる（鳳凰）

歴史ある街並みの中で知られざる絶品料理に出合った（鳳凰）

夜景観賞は食後の腹ごなしにちょうどいいかも（鳳凰）

彼らの食いっぷりを見習うべし？（成都）

英雄たちは何を食べていたのだろう（成都）

なんとなく入った店が当たりだったときの喜びといったら！（鳳凰）

食べ終わっても旅はまだ続くのです（ハルビン）

北京でいただきます、四川でごちそうさま。

四大中華と絶品料理を巡る旅

吉田友和

幻冬舎文庫

北京でいただきます、四川でごちそうさま。

四大中華と絶品料理を巡る旅

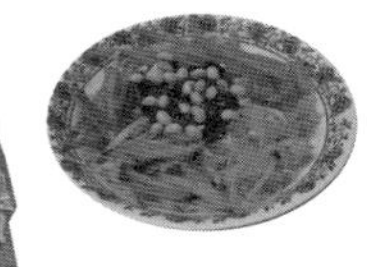

吉田友和

北京でいただきます、四川でごちそうさま。
——四大中華と絶品料理を巡る旅　目次

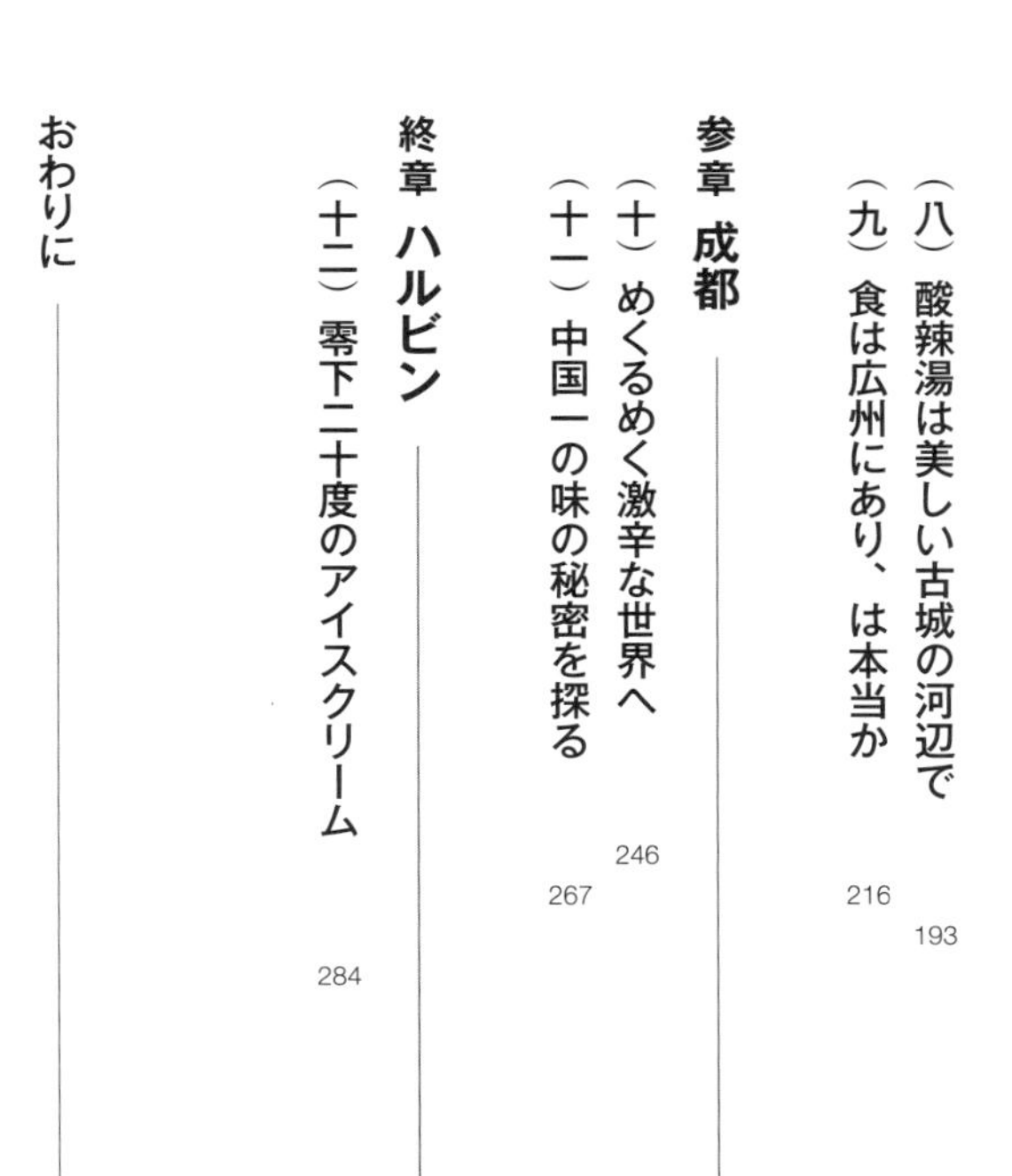

壱章　北京　天津

（一）本当はおもしろい、少なくとも美味しい

波乱含みの旅の幕開けとなった。

手強い国だから、一筋縄ではいかないだろうなあと内心身構えてはいたのだけれど、まさか日本を出発する前の時点でこうも躓（つまず）くとは予想していなかった。

なんと飛行機が飛ばなかったのだ。

といっても、これればかりは中国のせいではない。

運悪く台風が直撃したのである。

出発当日のお昼前のことだった。スマホの画面にＳＭＳを受信したという通知が表示されたのを見て、嫌な予感がした。ＳＭＳなんて普段はまったく使っていないし、送ってくる友人・知人もいない。

恐る恐るメッセージを開くと、「Dear Passengers, ...」から始まる英文が書かれていた。この日乗る予定だった航空会社から届いたものだった。台風で悪天候のため、飛行機の出発が遅れるとのこと。やっぱり、そうきたか。

新しい出発時刻は十三時二十分と記載されている。

――ん？　十三時二十分……って。

僕は事態が咄嗟には飲み込めなかった。

本来の出発時刻は深夜二時である。羽田空港から出発する予定だった。

深夜二時というのは、日付が変わって翌日の午前二時のことだ。それが十三時二十分、つまり午後一時にチェンジになったという。要するに元々は夜行便だったはずが、昼行便に変わったわけだ。

何かの冗談に思えてきた。冷静に計算してみると、なんと十一時間二十分もの遅延になる。ここまで遅れるとなると、実質的には翌日に延期になったようなものではないか！

「でも、昼間のほうが楽だし、むしろ良かったんじゃない？」

そんな前向きな発言をしたのは、我が家の奥さんだ。今回は一人旅なので、家族は日本で留守番である。

「うむ……まあそうなんだけどね」

確かに夜行便は辛い。日本から中国までは比較的短距離なので、機内で眠るにしてはフライト時間が短すぎる。そもそも暴風雨が吹き荒れる中、夜遅くに空港まで行くだけでも大変だ。

一方で、現地での滞在時間が減るのはやはり痛い。わずか二泊という強行軍なのである。

我が旅ではお約束とも言える短期旅行。夜中の内に移動してしまえば、現地では朝から行動できるのは効率的だ。辛いのは承知のうえで、あえて夜行便を選択していたのが真相だったりもするのだが――。

ともあれ、台風が理由とあらば致し方ない。

結局その夜は、モヤモヤしながら自宅の布団で眠りについた。

そうして翌朝も普段通りの時間に起床した。

「本当はいまごろ向こうに着いて、お粥でも食べていたんだろうなあ」

遠い目をしながら、いつもの食卓で納豆かけご飯という日本的な朝食をとって、ようやく空港へ向かったのであった。

※

冒頭からあまり後ろ向きな事柄を述べるのもどうかと思うが、実は気が進まなかったのも正直なところだ。

中華人民共和国――中国の旅。

別に殊更嫌いな国というわけではない。自分の中に負の感情があるのだとしても、そこには偏見が入り交じっていることも自覚している。

　では、なぜ気が進まないのか。

　一言でいえば、旅するのに快適ではない国だからだ。

　まず、言葉の問題が大きい。一部の大都市の、一部の人たちを除けば、英語は通用しない。徹底して中国語オンリーという世界を旅することになる。

　片言でも意思疎通が図れればまだマシな方で、それこそイエスやノー、ワン、ツー、スリーといった簡単な数字さえ話せない人も決して珍しくない。中国語をろくに喋れない旅人としては途方に暮れることになる。

　次に、衛生面に関する懸念。具体的にはトイレである。これも都市部に限って言えば一昔前よりも改善されてはいるが、それでも日本人の基準からすると抵抗を覚えるようなトイレも少なくない。

「このトイレでするぐらいなら……」

　とあきらめて、屋外で済ませた回数は僕自身数え切れないほどだ。その度に、男に生まれて良かったあとしみじみしていたりもする。

　三番目に、サービス精神の欠如。ぶっきらぼうな対応が当たり前の国民性と言い換えてもいい。

別に彼らにも他意はないのだということは理解しているし、必要以上のサービスを求めるつもりは毛頭ないのだけれど、それでもやっぱり笑顔で応対された方が好感度は上がる。

初めてこの国を旅したときのことだ。駅の窓口で列車の切符を買う際に、本当はまだ席があるのにもかかわらず、「没有(メイヨー)」（「ない」の意）の一言で済まされた昔日の恨みはいまだ忘れられない。

四番目は、インターネットが規制されていること。

中国のネットには「金盾(きんじゅん)」という名の情報検閲システムが存在する。万里の長城になぞらえ、「グレート・ファイアウォール」などとも呼ばれる。グーグルが使えない話は有名だが、ネット頼みの軟弱な旅人としてはまさに死活問題と言える。そう、この国ではググれないのだ。

実際には抜け道も色々とあるものの、規制が存在するというだけで気持ち的には尻込みしてしまう。制限事項はネットに限らない。外国人が訪問することを禁止している地域や、外国人が宿泊できないホテルも実在する。旅するうえでこの手の不自由さを感じるのは、ほかの国とは勝手が違う点だろう。

以上、大きなものを四つ挙げてみた。なんだか悪口めいた内容ばかりなので、

「じゃあ、行かなければいいのでは？」

と突っ込まれそうだが、違うのだ。話の核心はここからである。

僕自身、中国へは過去に何度も訪れている。訪問回数だけで比較すれば、アジアの国々の中ではトップクラスだろう。ぶうぶう文句を言いながらも、なんだかんだいって結構足繁く通っているわけだ。果たして、それはなぜなのか。

これまた一言でいうなれば、中国の旅はおもしろいからだ。

なんだか矛盾するようだが、偽らざる感想である。

快適かそうでないかは、旅しておもしろいかどうかとは別の話なのだ。快適ではない要素がこれほどあるにもかかわらず、それでもこんなにも愉快な国はないとさえ思っている。

何より、観るべきものがとにかく多い。さすがは四千年の歴史を持つ国だけのことはある。たとえば世界遺産は計五十を超えており、イタリアに次いで全世界で二番目の数を誇る（二〇一七年現在）。すべてを見尽くすのは難しいほどだ。

文化遺産だけでなく、自然に関しても絶景の宝庫と言っていいだろう。広い国土がもたらす地形の多様さに圧倒される。海も、川も、山も、森も、砂漠もある。四季折々の変化にも触れられる。島国の日本にはないダイナミックな風景美をこの目で見たいという欲求から旅を志すなら、この国は間違いなく有力候補になるはずだ。

それに、考え方によっては先に挙げた気が進まない理由は、そのままおもしろい要素にもなる。快適なほうが楽チンなのは確かながら、言葉やトイレは所詮は些細な問題であり、旅の本質とは関係がない。むしろ、難易度が高ければ高いほど、乗り越えたときに得られる達成感は大きくなったりもする。

サービス精神の問題にしても同様に解釈次第だ。雑な対応をされたとしても、それはそれで大陸ならではのおおらかさの表れである、文化の違いなのであると、ポジティブに解釈することもできる。我が国の常識との差異を実感すること自体が旅の醍醐(だいご)味(み)でもある。

さらにはもうひとつ、忘れてはならない中国のセールスポイントがある。自分のような旅人にとっては、これこそ最大の魅力要素と言ってもいい。

それはずばり、グルメだ。

中国は悔しいぐらいにご飯が美味い。行けば体重が増加する国の筆頭である。

初めてこの国を訪れたときは世界一周の途中で、ウイグルやチベットのような辺境の地も含めて東西南北あちこち巡ったのだが、どんなに田舎町でも熱々の食事にありつけるので大いに感動したことを覚えている。ぼろっちい看板を掲げる食堂に、大して期待もせずに入ってみると、とんでもなく美味しい料理が出てきて度肝を抜かれる、なんてことも茶飯事だった。

僕自身の話を少しすると、近年は食べることに益々執心気味で、「食」が我が旅において重要度を増している。美食の土地ばかりを行き先に選んでしまうせいか、体重の増加に歯止めが利かなくなっているのが現状だ。

　そんな食いしん坊な旅人からすれば、中国のような食べ甲斐のある国はそれだけで心惹かれるものがある。美味しい旅先としては大本命であり、今回の中国旅でもまさに「食べること」が最大のテーマと言っていい。

　中華料理は世界三大料理の一つとされる。我々、日本人の暮らしにも違和感なく溶け込んでいる。東京で街を見渡せば、そこらじゅうに中華料理を出す店が点在している。地方へ行っても、中華料理屋の一軒や二軒は簡単に見つかる。外食だけでなく、家庭でも中華的なメニューがしばしば食卓に上るほどだ。

　例を出すとキリがないが、麻婆豆腐、回鍋肉（ホイコーロー）、青椒肉絲（チンジャオロースー）などは日本人でも食べたことがない人がいないぐらいにポピュラーな料理だろう。個人的には中華における三大定番でもある。ほかにも餃子や焼売（シューマイ）あたりも元を糺（ただ）せば中華だし、杏仁豆腐のようなスイーツだって我が国で完全に市民権を得ている。

　もちろん、人によって好き嫌いはあるだろう。そうだとしても、一般論としての「中華は美味しい」という意見に対して、真っ向から否定する日本人はきっとあまりいないはずだ。

　長々と書いてきたが、ここまでの内容を要約するならば次のようになる。

　中国旅行は――本当はおもしろい、少なくとも美味しい。

味そのものを語る以前に特筆すべきこともある。

それは、中国の人たちの「食」に対する姿勢だ。なんて貪欲なのだろう！　と圧倒されてしまうこともしばしばである。彼らを観察していると、食べることに対するプライオリティが異様に高いことに驚かされる。

※

出発当日の羽田空港でも、その片鱗を感じさせるエピソードがあった。航空会社のカウンターでチェックインをしたときのことだ。

荷物を預け、搭乗券を受け取ると、

「あちらでミールバウチャーを配布していますので」

と促された。一番端のカウンターに人が並んでおり、そこで紙きれを一枚渡された。「MEAL VOUCHER（餐券）」と書かれており、金額が千円となっている。使用可能なお店の一覧も別紙でもらった。これはすなわち、空港内のレストランで使用できる千円分のクーポンというわけだ。

なるほど、と僕は得心した。飛行機が大幅に遅延したから、お詫びの証としてお食事を無料で提供します、という意味合いのものだ。

「やった！　ラッキー」

と喜ぶと同時に、僕はなんだかおかしくなってしまった。いかにも中国らしい対応だったからだ。

実は過去にも同様のことを何度か経験していた。チェックイン時だけではなく、搭乗口の目の前でお弁当が配られたこともある。どうも中国の航空会社では、飛行機が遅れると食事を提供するのが習わしとなっているようだ。

「とりあえずご飯を出しておけば文句はないだろう」

という発想からは、この国の人たちの価値観のようなものが窺える。彼らにとってはやはり、「食」は大切な存在なのだ。

北京まではＪＡＬやＡＮＡも飛んでいるが、今回は中国の航空会社を予約していた。安かったからだ。それも目玉が飛び出るほどの安値である。

空港税などの諸費用がすべて込みで、往復二万千二百二十円。

海南航空というエアラインである。ＬＣＣではなく、フルサービスのいわゆるレガシーキャリアになる。荷物代は無料だし、機内食も出る。それでいてこの値段なのだ。いくらなんでも安すぎるのでは……と不安になったほどだ。

同国のエアラインといえば、有名なのは中国国際航空、中国東方航空、中国南方航空の三社だろう。海南航空は名前だけは聞いたことがあったが、僕自身はこれまで一度も乗ったことがない。得体が知れない航空会社というイメージが拭えなかったのも正直なところだ。

ところが調べてみると、意外な事実が判明した。なんと英スカイトラックス社の格付けで、ファイブスターを獲得したエアラインなのだという。

スカイトラックスは航空業界ではとくに権威のある格付けのひとつで、毎年全世界の航空会社のランキングも発表している。二〇一七年度は我が国からはＡＮＡが三位に輝いている。順位を見ていくと、海南航空も九位に

客は中国人が大半。まだ日本だというのにアウェイ感が半端ない。

入っていた。ちなみにＪＡＬは十六位である。どうやら世界的にはＪＡＬよりも評価の高い航空会社らしい。

さらに僕も改めて知ったのだが、今回搭乗する羽田〜北京路線のほかにも、同社は日本にいくつかの路線を就航している。それも成田〜西安(せいあん)や、新千歳〜長沙(ちょうさ)など、ややマニアックな路線ばかりで気になった。

海南航空に限らず、日本と中国を結ぶ航空便には意外な路線が多かったりする。北京や上海のような大都市ではなく、中国各地の地方都市とを直接結ぶ便。多くは近年になって就航したもので、いつの間にこんな路線ができたんだろうと驚かされる。

日中便が急増している背景には、インバウンドの流行があるのであろうことは容易に想像できる。つまり、日本へやってくる中国人のための路線である。

一時期ブームになった「爆買い」もだいぶ収まってきたと聞くが、消費の傾向が変わっただけで訪日中国人自体は増え続けているようだ。僕自身、近年はこれまで以上に精力的に日本国内の旅行に力を入れているのだが、全国どこの観光地へ行っても中国人の姿を目にしないことはないほどである。

今回乗る海南航空の便も、そういった訪日客のためのものと言えそうだった。搭乗してみると、明らかに中国人客の方が多いのだ。ほぼ満席だったが、日本人は数えられるぐらいしか乗っていない。

中国人に日本旅行が大人気な一方で、日本人には中国旅行が不人気であることは、旅行業界の片隅にいて常々感じていたことだった。

上海万博や北京五輪が開催された頃はメディアでは盛んに中国が特集されていたし、現地でも日本人旅行者の姿をよく見かけた。いまにして振り返れば、あの時代がピークだったのかもしれない。

近年は中国旅行が下火になっている。そのことをまざまざと実感させられたのは、出発前に書店に立ち寄ったときのことだ。北京のガイドブックを物色しようとしたのだが、ほとんど売られていなかったのだ。

定番系のガイドブックは一応ラインナップされているが、たとえば『るるぶ』では二〇一二年度に発行されたものを最後に、最新版が刊行されていないようだった。二〇一二年って……もはや五年も前である。変化のスピードが高速な中国で、そんなにも古いガイドブックが役に立つとは思えない。

仕方ないので、現在も唯一最新版がリリースされ続けている『地球の歩き方 北京』を購入してみたものの、自分が乗る海南航空の羽田〜北京路線の情報すら載っていなくて、むむむと戸惑った。街の変化が速すぎて、情報のアップデートが追いつかない。まあ、ガイドブックなんてそんなものだろうが。

飛行機は予定されていた十三時二十分に時間通り出発した。

いや、この時点ですでに本来の定刻からは十一時間も遅延していたのだから、「時間通り」と言うのもヘンか。とにかく、さらに遅れなくてよかったのだ。

（二）八角の匂いに歓迎されながら

台風一過の東京上空には、雲ひとつない抜けるような青空が広がっていた。僕は窓側の席に座っていたのだが、太陽の光があまりに眩(まぶ)しすぎて、離陸後すぐに窓の日よけを閉めたほどだ。

ところが、いよいよ目的地の北京が近づき、その日よけを上げたら、窓の外には先ほどまでとは別世界が広がっていて、驚きのあまり僕は「ぬおっ」と怪しげな唸り声を出した。空がもわもわとした霧のようなものに覆われていたのだ。霧の色は白ではなく、やや黄色っぽい。霧自体が黄色いのか、太陽光が混ざってこんな色をしているのかは定かでないが、少なくともそれは美しい光景には思えなかった。

……大気汚染？　真っ先に脳裏をよぎったのはこの国の空気の悪さだ。

中国では経済発展が進む一方で、排ガスなどの環境問題も取り沙汰されている。間もなく着陸するというのに、濃い霧に邪魔されて陸地はうっすらとしか望めない。東京上空の青すぎる空とのギャップもあって、余計に衝撃は大きかった。

「とんでもない場所へ来てしまったかも」

これが今回の中国旅の第一印象となった。正直、好印象とは言えない。元来が小心者なので、簡単に臆病風に吹かれてしまう。魔境のようなところをこれから一人で旅するのかと思うと、急に心細くなってきたのだった。

無事入国を果たし、空港から街へ移動する場面でもさっそく洗礼を浴びた。いかにも中国らしいエピソードがあったのだ。

北京の首都国際空港から市内までは北京地下鉄機場線が結んでいる。地下鉄といっても途中に停車するのは一駅だけという専用快速である。その列車に乗ろうと、券売機で切符を買おうとしたときのことだ。

「あそこの窓口へ行って下さい」

駅の係員と思しき男性に声をかけられた。機械ではお釣りが出ないのだという。運賃は二十五元。僕は先ほどＡＴＭで引き出したばかりの百元札を投入しようとしていた。百元札はこの国で最も高額な紙幣だ。

教えられた窓口へ向かうと、四〜五人が並んでいた。幸いにも列の回転は早く、すぐに自分の番がやってきたのだが――。

横からスルッと若い男性が現れ、僕の前に割り込んできた。油断も隙もないとはこのことだ。芸術的とさえ言えるほどに華麗な横入りだった。

僕は「えっ……」と呆気に取られた。到着したばかりで、まだボンヤリとしていたせいもある。

「そうだった。ここは中国だった」

と思い出し、ようやく臨戦態勢に入った。この国ではこんな輩はごまんといるのだ。暢気に構えていたら損をするだけだということは、過去に散々痛い目に遭って学習させられている。

ところが、中国も昔のままではなかった。話はこれで終わらず、さらなる展開があったのだ。そしてそれは、自分としては心底ビックリする出来事だった。

なんと割り込んだその男に対して、窓口の女性が注意したのである。

「みんな並んでいますから。順番を守って下さい」

台詞の内容は僕の想像だが、恐らくそんなことを言ったのだろう。男は門前払いに遭い、女性は割り込まれた僕を手招きしてくれた。

「中国は変わったよ」

という話は周りの旅仲間や、駐在員として中国に住んでいる友人連中からしばしば聞いていた。とくに若い世代に関しては変化が顕著で、他人を気遣ったり、マナーを遵守するような風潮もいまや当たり前なのだという。

そういえば、空港のイミグレーションでも、入国係官に、

「ニーハオ」

と挨拶され、おやっとなったのだった。たぶん、初めてのことだ。中国の係員なんて無愛想なイメージしかなかったから、意表をつかれた。まだ結論を出すには早いが、列を守るようになっただけでも革命的な進化だ。この旅の行方次第では、自分の中にある中国観を改める必要が出てくるかもしれない。

空港快速は空港を出ると終点の東直門（とうちょくもん）駅を目指して街へと直行するが、途中にある三元橋（さんげんきょう）駅にだけ停車する。今回僕はこの三元橋駅のそばのホテルを予約していた。

街の中心部からは少し離れているが、空港との行き来が楽チンなので案外悪くない立地条件だ。何より価格がお手頃である。税金とサービスチャージ込みで一泊あたり約六千五百円。エクスペディア経由で予約したのだが、ＬＩＮＥクーポンにより十パーセント割引で、結局六千円弱になった。

「北京三元橋宜必思酒店」というホテルだ。「宜必思」は「イビス」を漢字表記したもの。日本にも進出しているフランス系ホテルチェーンのブランドである。

中国旅行が快適ではない理由として言葉の問題を先に挙げたが、これをクリアするために

ホテルはあえて外資系を選ぶのはひとつの手だ。外資系ならば、英語が多少なりとも通じるからだ。

もちろん中国ローカルの宿ならもっと安いし、逆にせっかくの海外旅行なのだからもっと高級なホテルに泊まるという考え方もある。この辺は旅のスタイルや各自の価値観によるだろう。

イビスは外資系でありながらも価格帯は中級クラスで、手頃に泊まれるのが魅力だ。北京以外にも中国の都市部には結構進出しているようで、僕自身は以前に成都でも泊まったことがある。成都のイビスも一泊四千円程度とコスパに優れていた。中国を個人旅行するなら使い勝手のいいホテルチェーンだと思う。

三元橋駅で列車を降り、出口Dから地上へ上がると目の前にいかにも都会的な佇まいのホテルが立っていた。

「おおっ、なかなかいい感じの建物じゃないか」

と一瞬嬉しくなったが、よく見たらこれは同じ系列のノヴォテルだ。イビスよりもハイクラスで、当然宿泊費もずっと高い。

お目当てのイビスは、ちょうどこのノヴォテルの裏側に位置していた。同系列のホテルが二軒並んでいて紛らわしいのだが、迷ってしまったのはグーグルマップの位置関係が間違っていたせいだ。

海外旅行のときには、到着した空港で現地のＳＩＭカードを購入し、ＳＩＭロックフリーのスマホにセットするのがセオリーだが、中国ではこの方法はオススメできない。普通にネットにつないでも、グーグルをはじめとした西側諸国のウェブサービスが使えないからだ。

そこで対策として、僕は香港のＳＩＭカードを用意してきていた。使用する電波こそ中国聯通（チャイナユニコム）のものだが、香港ＳＩＭのローミングという扱いになるため、グレート・ファイアウォールを回避することができる。中国を旅する外国人の間ではよく知られた方法だ。ＳＩＭカードは日本のＡｍａｚｏｎなどで簡単に購入できる。二ギガバイトの通信容量のものが千五百円だった。

そんなわけで、我がスマホではグーグル自体にはアクセスできるのだが、肝心のマップの精度がどうもイマイチのようなのだ。地図上のデータが間違っていることに加え、なぜか現在位置を正確に表示できない。これは致命的だ。

「この国ではグーグルマップは使えないよ」

中国在住の友人がそう言っていたのだが、その真の意味を僕は理解した。裏ワザを駆使して強引にアクセスすることは不可能ではないものの、肝心の地図データがしょぼすぎて、実際には使い物にならないというわけだ。

迷いながらも、やっとこさホテルに到着した。外観はノヴォテルと比べると明らかにランクが落ちるが、それでも一階にローソンが入っていたりして、なんというか現代的な雰囲気だ。

　建物の中に入った途端、独特の匂いが鼻をついて懐かしくなった。見ると、フロントのすぐ横にレストランがある。そう、これは中華料理でお馴染みの八角の匂いだ。

「ああ、中国へ来たんだなあ」

　八角の匂いのお陰で、いよいよ本格的に実感が湧いてきた。

　フロントでパスポートを渡すと、受付してくれた女性はそれを一通りペラペラめくった後、怪訝（けげん）な表情を浮かべ、何か言った。ところがそれは完全に中国語だったので、僕がポカンとしていると、再度英語で次のように言い直した。

「ビザは？」

　えっ……当然ながら観光なのでビザなんて取得していない。予期せぬ質問に戸惑っていると、横にいた別の女性が助け船を出してくれた。リーベンがナントカナントカと言っているのが聞こえた。「リーベン」とは日本のことだ。「日本人はビザが不要」なのだと教えてあげたのかもしれない。

　日本人の客が珍しいのだろうか。でも隣の女性は分かってそうだったし、田舎から出てきたばかりだったりして、などと色々と邪推してしまう。

女性の対応は見事なまでにぶっきらぼうだった。典型的な中国人的なサービスといった感じで内心苦笑してしまうのだが、これはこれで懐かしくもあり、

「ああ、中国へ来たんだなあ」

と再び実感が湧いてきてしみじみした。

ホテルのキーはカード式で、部屋番号はカードを入れるケースにその都度書く方式になっていた。それ自体はよくある方式と言える。

ところが彼女が書いてくれた文字が汚すぎて、数字が判別できなかったのにはほとほと困った。「152」と書いてあるように読めたのだが、十五階まで上がってみると、そんな番号の部屋が存在しなかったのだ。

広くはないが比較的綺麗だし、機能的なつくりの部屋だと感じた。

よく見ると、「152」の横にうっすらと縦棒のようなものがあって、あれこれ推測をめぐらせた結果、どうやらそれが「7」で、番号は「1527」なのだと判明し、やっとこさ部屋に入ることができたのだった。

無事にチェックインを完了したときには、すっかり日も落ちてしまっていた。時刻は午後六時すぎ。本来であれば深夜便で早朝に到着して、初日から北京の街を見て回るつもりでいたのだが、台風により予定が大きく狂った。ほぼ丸一日近くを失ったような気分である。

かくなるうえは、ディナーで挽回（ばんかい）するほかない。

「一日分を取り戻す勢いでウマイものを食べ尽くすのだ！」

と息巻きながら、ホテルを素早く出発した。

十月中旬の北京は、想像していた以上に気温が低かった。東京では天気のいい日などは半袖でもいられるほどだったが、こちらは完全に冬の装いである。風がビュウビュウ吹き付け、凍えそうになる。

僕はいそいそとダウン・ジャケットを取り出して羽織った。なんだかんだいってユニクロのウルトラライトダウンは荷物を少なくしたい旅先では重宝する。念のためヒートテックも持参したが、さっそく出番がやってきそうだ。

しかし地下鉄の駅構内へ入ると、今度は途端に暑くてたまらなくなった。暖房が効きすぎなのだろう。寒いのか、暑いのかどちらかにして欲しい。なんだか両極端なのだ。

一人旅だと現地での移動手段はやはり地下鉄が便利だ。いや、便利というよりも「気楽」と表現した方がいいかもしれない。中国はタクシーも低料金なのだが、一人で利用するには尻込みしてしまう。金額の問題ではなく、単に億劫（おっくう）なのだ。言葉が通じないし、ぼられたりしてもめるのも面倒だ。

それに地下鉄の雑踏に紛れてしまえば、外国人であることを隠すことだってできる。見た目が同じアジア人なので、言葉さえ発しなければまずバレない。しれっと中国人のフリをしてみるのも愉快な経験だ。

北京市内の地下鉄は二〇一七年十月現在、十九路線もあって、結構複雑に入り組んでいる。後になって急遽（きゅうきょ）増築したと思しき駅も多く、路線と路線の乗り換えのために結構な距離を歩かされたりもする。

狙いを定めたレストランまではかなり遠くて、途中で二回も列車を乗り換えなければならなかった。あっちに行ったり、こっちに来たり。

地面の下に張り巡らされた広大な巣の中を彷徨（さまよ）う蟻（あり）のような心境でこの街を自分なりに観察してみて、とりあえず気がついたことが大きく二つある。

まず、スマホの使用率がやたらめったら高いこと。東京の地下鉄でも乗客がスマホの画面と睨めっこをしているのは日常の光景だが、北京は東京以上だと感じた。車両の乗客のほぼ全員と言ってもいいだけの人たちが、無言で小さな画面に指を滑らせているのだ。その光景は異様と形容してもいい。

さらには車内だけでなく、駅構内でもみんながみんなスマホである。「歩きスマホ」だって当たり前のようで、乗り換えのための通路では一斉に同じ方向へ画面を見ながら人波が流れていく。かくいう自分もスマホ中毒者なので、あまり他人のことは言えないのだが……。

もう一つ気になった点は、駅構内のあちこちに公安が立っていたことだ。要するに、おまわりさんである。警備員というよりは監視員といった雰囲気で妙に威圧感がある。せっかくなので写真を撮ったりもしたいのだが、カメラを出すのも憚られるような物々しさだ。そもそも駅構内は撮影禁止だが。

地下鉄の駅へ入る度に、いちいち荷物検査もある。ベルトコンベア式の大型検査機にカバンを流して、人間もその横に設置されたゲートをくぐる。さらにはその先で探知機を持った係官にボディチェックまでされる。空港並みの厳重なセキュリティに戸惑った。

駅構内は総じて照明が控えめなこともあって、いかにも社会主義の国らしいキリッとした風景だなあという感想も抱く。同じ中華圏でも、たとえば台北の地下鉄駅などは明るい。そういう些細な違いが案外興味深いのだった。

二号線の前門駅で降りると、地上にもなんだかやたらと公安の姿が目についた。大きな道路のあちこちには、柵のようなものも設けられている。

——ハテ、これはいったいどうしたのだろうか。

このあたりは天安門広場からも近い。それゆえ、特別に警戒に力を入れているのかなと思ったが、それにしてはちょっと厳重すぎる気もする。

謎が解けたのは、スマホで読んだ日本のニュースがきっかけだった。この日北京で行われた、中国共産党の党大会の模様が記事になっていた。ヤフーではトップニュースの一番上という最重要ニュースの扱いとなっていたほどだ。

中国の党大会については出発前から話題になっていたので、なんとなく気になっていた。指導部の人事や党の方針などを決める会議で、五年に一度開かれるのだという。いわばこの国の最重要行事のひとつと言っていい。

なるほど、街が過剰なまでに物々しい雰囲気に包まれているのも納得である。そんなタイミングで暢気に観光旅行へやってきた自分の軽薄さを呪ったが、そんなときだからこそ、いつもとは違う北京が見られるのだと前向きに捉えることにした。

駅を出たところでグーグルマップで店の場所を確認しようとすると、またしても現在位置が間違って表示された。やはりこの国ではグーグルマップは使い物にならないようだ。

仕方ないので中国在住の友人にオススメされた「百度地図」という、中国ローカルの地図アプリをインストールする。こちらはさすがは国産アプリだけあってグーグルとは比較にならないほど情報量が多いし、精度も高い。拡大していくと3D表示に切り替わるなど、機能的にもかなりハイテクだ。

そんなこんなでようやく辿り着いたのが、「便宜坊烤鴨店」というレストランだった。烤鴨とはダックのこと。そう、北京ダックの専門店である。

ようやく食事にありつける。今回、「食べること」をテーマに掲げて旅を始めたわけだが、ここまでが長い道のりだった。

満を持しての一食目――。

旅に出て最初の食事はその土地を代表する名物料理と決めている。それも、できる限りベタなメニューがむしろ良かったりする。北京に来たのならやっぱり北京ダックだよね、という安直な発想でチョイスしたわけだ。

初めて来たお店だが、広い店内はそこそこ賑わっていた。席に案内してくれたウェイトレスに英語で話しかけると、英語が話せるマネージャーを連れてきてくれた。正直、助かる。メニューが料理の写真付きなのも分かりやすい。

北京ダックの値段は百八十八元と書かれていた。日本円にして約三千二百円は高級料理にしては破格と言えるが、こちらはなにせ一人である。とてもじゃないが一羽は食べられない。そこでさり気なく訊(き)いてみることにした。

「ハーフサイズはできますか？」

メニューには記載がないが、中国のレストランではこの手のオーダーには大概は対応してくれる。予想通り、オーケーとのこと。ハーフだと百十二元だという。やや割高だが、ハーフで十分だ。

ビールも一本頼むと、「燕京啤酒(えんけいビール)」という北京産ブランドが出てきた。瓶ビールで二十元。日本で中国のビールというと「青島(チンタオ)」がよく知られるが、現地では地域ごとにローカルブランドが確立されており、種類も豊富だ。ラベルには「純生」と書いてある。ビールの種類を表すのだろう。口当たりがサッパリしており、水のような感覚でぐいぐいいける。

一人で酒盛りしながらダックの登場を待ち侘(わ)びていると、ウェイトレスに手招きされた。見ると、白い調理帽を被ったコックが包丁を手にしていた。台車の上にはこんがりと焼かれたダックが飴(あめ)色に輝いている。なるほど、あれは僕が頼んだものだろう。

客の目の前で解体ショウを行うのも、北京ダックの店ではお約束だ。食べやすいようにスライスにしてくれる。写真を撮らせてもらっていると、あっという間にお皿の上に盛り付けが完了した。あまりに美味しそうなので、うひょうと奇声を上げそうになった。

テーブルの上にネギやキュウリ、ダックを包むための餅皮、タレなど一式が並べられた。いつも悩むのが、北京ダックの食べ方だ。そんなに頻繁に食べるようなものでもないから、覚えてもすぐに忘れてしまう。この餅皮に肉やネギを包んで、タレを付けることは理解しているが、正式な作法はどうだったか。

英語を話す先ほどのマネージャーに訊きたいが、姿が見当たらない。そこで、とりあえずネットで検索してみた。すると、まずは餅皮の片面に満遍なくタレを塗るのだと分かった。そうだった、そうだったと思い出す。包んでからタレに浸けるのかと毎度勘違いしてしまうのだが、実際にはそうではないのだ。

塗り終わった餅皮に肉やネギを載せて包んでいく。包み方にもコツがあって、最初に底部を折り曲げて、その後に左右をクル

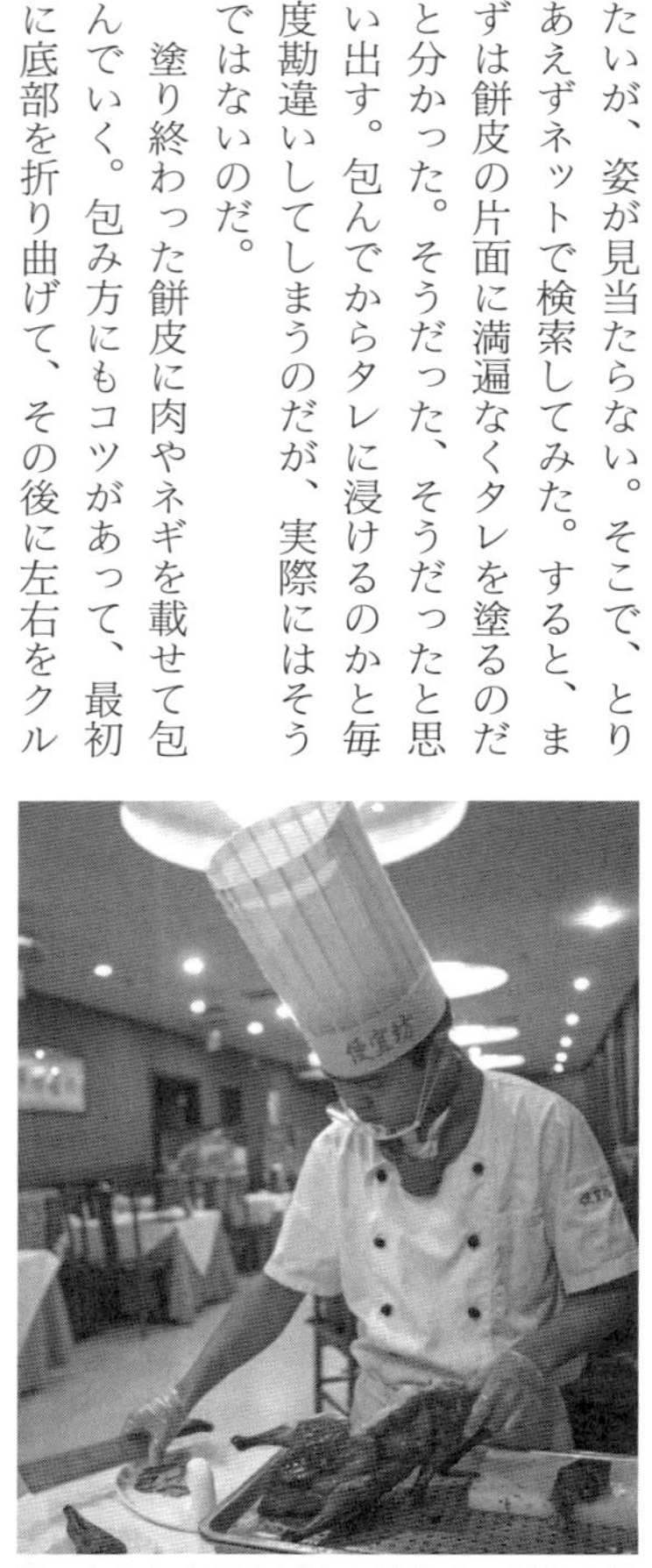

堂々とした包丁さばきに見入る。撮られ慣れていそうな雰囲気だった。

ッと巻くやり方がいいのだという。そうすることで、タレが下にこぼれ落ちないで済む。
北京ダックといえば、最も有名な店は「全聚徳（ぜんしゅとく）」だろう。北京市内はもちろん、香港や東京にも支店があって僕も何度か訪れているが、全聚徳ではどちらかといえばダックの皮を食べるようなイメージがある。

一方で、今回訪れた便宜坊の北京ダックはずいぶんと肉厚な印象を受けた。皮だけでなく、身もしっかり付いているというか。皮はパリパリ、身はジューシーといった感じ。

そのせいか、実はすぐにお腹がいっぱいになってしまった。美味しいのだけれど、少々脂っぽいかな、というのも率直な感想である。身よりも皮を重点的に食べる全聚徳方式の方が飽きずに食べ続けられるのかもしれない。

ハーフサイズにしてもらったが、結局それでもその半分も食べられずギブアップ。それにしても、一人で北京ダックに挑むというのもなんだか虚しい。中華料理自体、大人数を前提としているところがある。一人旅だと食べられる量が限られるのは、ある意味で中国旅行における最大の難関と言えそうだ。

食後はそのまま宿に帰るのもなんだか惜しい気がして、地下鉄十号線の団結湖（だんけつこ）駅で途中下車した。周辺のエリアは「三里屯（さんりとん）」と呼ばれ、バーなどナイトスポットが軒を連ねている。飲み足りないときに立ち寄るにはちょうどいい。

三里屯界隈には、各国の大使館などが集まっている。そのせいか早くから外国人向けのお店が多かったのだそうだが、北京五輪の頃に「三里屯ＶＩＬＬＡＧＥ」という商業施設が建ってトレンディスポットに様変わりした。

当時は中国初となるアップルストアなどもここにできたばかりで、僕もオープンしてすぐに見学しに行ったのを覚えている。ほかにもアパレル系を中心にグローバル・ブランドのショップが幾つかあったりして、北京の中でも英語の通用度がとくに高いエリアという印象が強い。

団結湖駅から徒歩で三里屯ＶＩＬＬＡＧＥに着くと、まず目に入るのがユニクロの大型店舗だ。到着したときには午後十時をすぎていたが、店はまだ開いているようで、さすがは夜の街だなあと目をみはった。

そのユニクロの脇の道を渡ったところの通りに沿って、飲み屋がズラリと立ち並んでいるのだが、僕が想像していたのとはだいぶ違った。ピンク色のネオンがビカビカ光り輝き、音楽がドカドカ鳴り響いている。いかにも夜の盛り場といった雰囲気である。

「あれ……こんなところだったっけ？」

予期せぬ空間が目の前に現れ、僕は面喰(めんく)らった。喩(たと)えるなら、代官山のようなイメージでやって来たのだ。ところが来てみると歌舞伎町だった、というオチである。

おまけに、歩いているだけで次々と客引きの声がかかることにも辟易した。こちらは男一人だから、きっといいカモなのだろうなあ。

「いや、そういう目的ではないんです」

と、心の中で弁解しながら足早に逃走するも、すぐ隣も似たような店ですぐにまた行く手を遮られる、といったことの繰り返し。ガラス張りの窓から中が見られるようにしている店もあって、ちらりと覗くと金髪のセクシー女性がポールにくねくねと絡みついていたりして、なんだかもう目のやり場に困る。

それでもその通りを少し奥へ進むと、ようやくネオン系ではない普通のショットバーのような店もちらほら現れ始めた。そのうちの一軒に入ってみた。アコースティックギターで弾き語りをしている、小さなライブバーの

三里屯VILLAGE。日本人にはお馴染みの赤白のロゴが目立っていた。

ようなところで、なかなか洒落た店だ。

「そうそう、こういうところへ来たかったのよね」

と誰にともなく呟きながら、ようやく人心地がつく。入口に英語でローカルビールが二十元と書かれていたので、それを注文したら青島のミニボトルが出てきた。そうしてビールをぐびぐびしながら、スマホを見ながら、ライブの音に酔いながら、という一人旅ならではの幸せな大人の時間を過ごしたのだが——。

会計時に一悶着があった。埋単（会計の意味）をすると、なんと四十元も請求されたのだ。

「そこに二十元って書いてありますけど……？」

それとなく問い質すと、若い男性店員は、

「ああ、それは八時までの値段なんですよ」

と悪びれずに言ってのけた。えええ、なんだそりゃ。

なんだか騙された気分。それならそう書いてほしいし、八時をすぎたタイミングで看板を取り外すなりすべきだろう。

いつもなら文句の一つも言うところだが、旅行初日だし、せっかくいい気持ちで飲んでいたわけだから、波風を立てるのも得策ではない気がしてその場は退散することにした。我ながら大人になったなあ。

(三) 天津には天津飯がないのだ

翌朝は目が覚めてシャワーを浴びてから、昨夜のうちに一階のローソンで買っておいたお茶を取り出した。見た目は普通の緑茶風のパッケージだが、飲んでみると案の定とびきり甘くて嬉しくなった。寝起きは甘いもの、と日頃から決めているのだ。

まだ七時過ぎだというのに、廊下には掃除の女性がワゴンを押してウロウロしている。目が合ったら何か訊かれたので、掃除はいいですと身振り手振りで伝えた。すると女性はニコリと笑って、新しい水とタオルをくれた。

あれれ、中国人ってこんなに愛想が良かったっけ。

今回は朝食が付いていない宿泊プランで予約していたが、フロントで訊くと三十五元で追加できるというので食べてみることにした。一階に併設されたレストランが会場で、いちおうビュッフェスタイルだが、格安ホテルだからか品揃えはまあまあといった印象。

ただし、ヌードルコーナーが設置されているのは特筆すべき点だ。その場で注文して都度作ってくれる。出来たてが食べられるし、演出としても見応えがある。

作ってくれたのは、平たい小さな帽子を頭の上にちょこんと載せた、男性のコックだった。

あの帽子はきっと回族に違いない。豪快に麺を打って伸ばし、鍋に放り入れている。

　オーダーメイドなので、麺は自分好みにカスタマイズできるようだった。といっても言葉が通じないから、基本はおまかせだ。パクチーをたっぷり振りかけてくれて歓喜した。最後に、見るからに辛そうな赤い液体を入れるか訊かれ、僕は頷いた。朝からスパイシーなご飯というのも、アジアの旅という感じがして悪くない。

　そうして出てきたのは蘭州牛肉麺だった。なるほど、コックが回族の男性なのも腑に落ちる。彼ら回族が暮らす西域地方の名物料理なのだ。

　蘭州牛肉麺は中国各地で根強い人気を誇るようで、この国を旅していると、あちこちで店を目にするほどだ。いわばソウルフードのような存在である。麺好きな日本人の口にも合うだろうなあと思っていたが、近年は東京にも専門店ができて結構流行っていると聞く。

　後で知ったのだが、このホテルのレストランは蘭州牛肉麺の名店らしい。店の外には麺を打つ男性の銅像なども立っていて、ちょっとした記念撮影スポットにもなっている。狙ったわけではないのに、結果的にはグルメ旅向けのホテルに泊まることができて、僕はニンマリしたのだった。

　さて、北京二日目である。飛行機が遅れたせいで昼間に観光できるのはこの日が実質的に初日となるのだが、実はこれから別の都市へ遠征することになっていた。すでに列車の切符を手配済みで、いまさら予定は変更しにくい事情もある。といっても、日帰りのエクスカーションだ。

行き先は——天津（テンシン）である。

北京からは高速鉄道が頻繁に出ており、片道わずか三十五分。百キロ以上という距離の割には近く感じられるし、別の都市とはいえ、北京郊外へお出かけするようなノリと言えるだろうか。ドタバタ慌ただしいのは我が旅ではいつものことだ。

朝食を済ませた足でホテルを出発し、地下鉄駅を目指す。北京には長距離列車が発着するターミナル駅がいくつかあるが、天津行きは北京南駅から出ており、地下鉄とも接続している。宿の最寄りの三元橋駅からは十号線で南下し、十里河（じゅうりが）駅で十四号線に乗り換える。

二日目にもなると慣れたもので、地下鉄の券売機の買い方はほぼマスターした。北京南駅までは五元。相変わらず駅構内へ入るのに厳しい荷物検査があったが、運賃は安いし、移動自体は簡単なので地下鉄は断然便利だ。

ちなみに駅によっては券売機が設置されていないケースもあって、その場合には有人の窓口で切符を購入する必要がある。中国語が喋（しゃべ）れないと困るのだが、僕はスマホに路線図のPDFをダウンロードしておき、目的の駅名を画面に拡大表示させて相手に見せる作戦で乗り切った。

中国の旅では昔から筆談に頼る場面が多かった。手書きではなくスマホに変わったとはいえ、これもまた筆談の一種と言えるかもしれない。

スマホといえば、今日も地下鉄の駅構内は歩きスマホをする人の波が続いていた。地下とはいえほぼずっと高速の「ＬＴＥ」表示になっており、地下鉄で走行中も通信は安定している。これから向かう天津の情報などを調べているうちに、あっという間にお目当ての北京南駅に到着した。

かつては長距離列車は中国旅行における難所の一つだった。列の概念がない人たちと押し合いへし合いしながら切符売場に並び、ようやく自分の順番になったと思ったら、外国人だからと門前払いされるなどという理不尽なことが割と普通にあったのだ。切符購入に関する苦労話は中国を旅するバックパッカーの間では定番中の定番だった。

しかし、それもいまとなっては昔話と言えそうだ。中国の列車もいまやオンラインで予約・購入できるようになった。僕も今回は「シートリップ」という中国の旅行アプリで予約を済ませていた。日本語にも対応しているし、あまりにも簡単すぎて、本当にこれで列車に乗れるのか半信半疑になったほどだ。

一つだけ不安だったのは、ネットで予約をしたとしても、切符自体はリアルの窓口で発券する必要があること。

といっても、実際にはこれも楽勝だった。窓口ではスマホの画面を見せて、パスポートを提示するだけで済んだ。幸いにも北京南駅では窓口が混雑していることもなく、ものの数分で無事に切符を入手でき、拍子抜けしてしまった。

アプリには窓口のスタッフに提示するための中国語で書かれた画面を表示する機能も備わっている。予約番号も一緒に表示されるので、スタッフはそれを端末に入力して切符を発券してくれる段取りとなっているようだ。

支払った金額は八十八・五元だったが、切符の額面は六十五・五元となっていた。差し引き二十三元がシートリップの手数料ということになるのだろうか。割高ではあるものの、利便性を考えたらこの程度の金額は許容範囲である。

切符の入手よりもむしろ、乗車口を探すのが大変だった。北京南駅は途轍もなく巨大な駅で、どこへ行ったらいいのか迷ってしまう。

地下鉄の改札を出たフロアに飲食店が何軒も並んでいて、マクドナルドやスターバックスといったお馴染みのチェーンが存在感を放っている。それらをなんとなく目印に歩き回ってみたが、なんだか違和感がある。

「あれ、またスタバだ……」

同じ場所へ戻ってきてしまったかも、と混乱するのだが、よく見ると別のスタバである。どうやら同じチェーンの支店が同じフロアに複数軒あるようだった。僕が確認した限りではスタバもマックも最低でも各三軒はあったし、ほかにも牛丼の吉野家も二軒は目にした。日本の駅では考えられない光景だが、それほどまでに構内が広大というわけだ。

この地下フロアから保安検査場を通過し、エスカレーターで上がったフロアが、長距離列車のホームへと続く待合室のようなスペースになっていた。椅子がズラリと並び、その両サイドにはホーム番号ごとに改札が順に並んでいる。

それは圧倒される光景だった。世界じゅうあちこち旅してきたが、こんなにものすごい

スケールの大きさにいちいち圧倒されるのも中国旅行ならではか。

駅は見たことがない。何がものすごいって、その巨大さだ。

　待合室などと書いてみたものの、そう呼ぶのもヘンかもしれない。役割としては確かに乗車前の待機場所なのだが、ここもまた常識外れの空間の広さなのだ。天井が高くて、奥行きもある。体育館を何個か繋げたような感じ。少なくとも東京ドームよりはずっと広いだろう。

　僕は嘆息し、「うひゃあ」と声が出てしまった。この国のスケールのドデカさに改めて舌を巻いた。列車に乗るだけでこんなにもカルチャーショックを受けるなんて……やはり中国は旅しておもしろいなあ。

　自分が乗る列車は二十番ホームから出発する。

「にじゅう、にじゅう、にじゅう……どこだろうか」

　ホーム番号は手前から一桁の若い番号が始まっており、探してみると「20」は遥か彼方のようだった。ズンズン歩いて、ようやく改札に辿り着く。地下鉄を降りてからここまでかなり長い距離を歩かされた。時間ギリギリにやって来たら、間に合わずに乗り遅れる危険もありそうだ。

　改札では最後にもう一度パスポートチェックがあった。切符発券時と、荷物検査時に続いてこの駅に来てから計三度目のチェックになる。空港並みのセキュリティに戸惑いながら改札先のエスカレーターを下りていくと、列車のホームに繋がっていた。さあ、いよいよ乗車だ。

切符には「01车03F号」と書かれていた。良く分からないが、これはきっと一号車の三列目のF座席という意味だろうと自分なりに推測し、先頭車両へ向かった。

すると、乗車口には臙脂色の制服に身を包んだ女性が待機していた。車掌さんというよりは、飛行機の客室乗務員のような雰囲気だ。

「ニーハオ」と笑顔で挨拶されたので、彼女に切符を見せるとこの車両で合っているという。またしても自分の中の中国人のイメージが覆されるほどに女性の愛想が良いことに驚かされながら乗車する。

今回は一等席を選んでいたのだが、一号車には一等席よりも上の「商務席」が設置されていた。これまた飛行機でいえば、ビジネスクラスのような豪華シートなのだが、わずか二列だけで乗客は誰も座っていない。その商務席のすぐ後ろに一等席があって、そこが僕がアサインされた三列目だった。

「和諧号」と称される中国の高速鉄道に乗るのは初めてだ。楽しみにはしていたが、一方で不安な気持ちもあったのは正直なところである。営業時速三百五十キロという常識外れのスピードを実現した一方で、安全性を犠牲にしているのではないかという指摘もされている。

二〇一一年には大きな事故が発生し、日本でも大々的に報道されたことを覚えている人も多いだろう。故障して立ち往生する車両に、別の列車が追突するという大惨事である。事故そのものもショッキングだったが、事故現場を列車ごと埋めてしまうという、いかにも大陸的な大雑把な事後処理方法も当時話題になった。

　中国の列車と聞いて負のイメージが拭えないのは、あの事故があまりにセンセーショナルだったせいだ。大丈夫だろうか、と心配になるのは僕だけではないようで、グーグル検索で「中国　高速鉄道」と日本語で入力すると、「事故」が一番上にサジェスト表示されるほどである。

　和諧号にも色々と種類があって、北京〜天津間を走るこの列車はドイツのＩＣＥをベースとしているのだという。どこかで見たことがある外観だなあと感じていたのだが、言われてみると確かに似ている。

　ほかにもフランスのＴＧＶや日本の新幹線など、世界が誇る技術を取り込みながら開発されている。完全なオリジナルではないものの、お手本があってそれを自分なりに再現してしまうのは、ある意味この国の十八番でもある。

　列車が定刻通りに発車したことにも驚かされた。最初はノロノロとゆっくり進みつつ、徐々にスピードを上げていく。やがて北京市内を出る頃には高速運転に切り替わっていた。乗り心地などは日本の新幹線と大差ないと感じた。

車窓の景色が次々と移り変わっていく。といっても割と単調な風景だ。街らしい街は見られず、荒れた大地が延々と続く。

途中に停車駅が一切なく、天津駅まで直行する。走行中は先ほどの女性車掌が切符の検札に現れたほか、車内販売のワゴンもやってきた。そうこうするうちに建物が増えてきたかなあと思ったら、もう天津市内に入っていたのだった。所要時間は予定通り三十五分。近すぎて拍子抜けである。

ちなみにシートリップだと、一等座席の切符が八十八・五元なのに対し、二等だと七十六・五元のようだった。差額がたった十二元なので自分は一等にしてみたのだが、天津までは乗車時間も短いし、席なんてどこでも良さそうではある。

「乗り鉄」としては、このまま鉄道だけで中国内を旅したくなる。

列車を降りる際にも、出口のところで例の女性車掌が見送ってくれた。最後までニコニコしていて感じがいいが、写真に撮ってもいいか訊いてみると、

「ソーリー」

と、英語で丁重にお断りされてしまった。残念無念。

到着した天津駅もこれまた途方もなく巨大だった。

列車からぞろぞろと続く人波についていくと、やがて地下鉄駅に出たので切符を買って乗り込んだ。

この日は朝にホテルを出て以来、高速鉄道での移動中以外はずっと地下にいた。そのせいか別の都市へやってきた実感があまり湧かなかった。

ところが、和平路(わへいろ)駅で降りて地上へ出た途端、自分の中のモードが切り替わった。街の風景が一変したからだ。古めかしい洋風建築が多い。北京と比べると、空気さえもどことなく綺麗になった気がするが、錯覚だろうか。

駅名にもなっている和平路を進み、最初の大きな交差点を左折すると「濱江道(ひんこうどう)」という通りに入った。百貨店や洋服屋などが並ぶ、天津中心部の目抜き通りだ。いわゆる「天津の銀座」のようなエリアである。

垢抜(あかぬ)けた雰囲気の街並みは、上海の南京路を彷彿(ほうふつ)させるが、それもこの街の歴史を振り返れば納得だ。大陸沿岸部に位置し、貿易港を擁する天津には、かつて列強各国の租界が置かれていた。世界と繋がる玄関口としての役割を担っていたわけだ。

なぜ天津へやって来たのか。今回はグルメがテーマの旅ということで、ぜひとも食べてみたいものがあったのだ。

天津といえば——まず思い浮かべたのは、天津飯だった。ご飯をかに玉で包み込んで餡(あん)をかけたもの……などという説明は不要だろう。

しかしながら、天津飯が日本独自にアレンジされた中華メニューであることは案外知られていない気もする。天津飯は天津にはない

天津の目抜き通り、濱江道へ。時代がかった街並みが旅情を誘う。

のである。というより天津はおろか、中国のどこを探しても存在しない。

そんなわけで、今回僕が狙いを定めたのは天津飯とは別のものだ。

ズバリ、肉まんである。その名も「狗不理包子(コウブリパオズ)」という。「狗不理」という店が売り出して人気を博し、いまでは天津名物として知られるようになった。店の創業は一八五八年というから、街の歴史と共に歩んできたまさに老舗中の老舗と言っていい。高速鉄道を降りてから濱江道へ直行したのは、狗不理の本店が近くにあるからだった。

天津でもグーグルマップが使い物にならず、なかなか店に辿り着けなかった。ようやく探し当てたら、店の外観を全面的に改装工事をしていて、本当にこの建物が店なのか不安になったほどだ。

パッと見は営業しているのかさえ分かりにくい店構えながら、ええいっと勢いよく入ってみるとしっかり照明がついており、すぐにスタッフと思しき女性に話しかけられた。英語が通じないので、手振りでご飯を食べるジェスチャーをして訴えてみる。すると、階段を上がるように促された。

この店では一階にも包子の販売スペースがあるようだった。座席も設置され、食事をしている客の姿も見られたが、老舗の名店にしては随分とカジュアルな雰囲気だ。ここは「普通席」だそうで、テイクアウトにも対応している。落ち着いて食事するなら二階で、ということなのだろう。

二階へ上がってみると、円卓なども置かれ、見るからに一階よりも小綺麗なレストランといった佇まいだった。

すぐにテーブルへ案内され、女性店員がメニューを持ってきてくれる。昨日の北京ダックに引き続いてここでもメニューが写真付きで大変ありがたかったが、料理の値段がどれもお高くてナヌッと怯んだ。想像していた以上に高級店なのだ。

そんな中、店の名物である包子だけは四十八元と、比較的お得な値段設定になっていた。ちなみに包子の値段は一階で食べた場合と変わらないようだ。一人旅だし、とりあえずは包子が食べられれば十分なので、二階ではなく一階でも良かったかもしれない。

とはいえ、いまさら「やっぱり一階へ行きます」などとは言いにくい。

悶々としていたら、注文を取りに来た従業員の女性が、メニューの包子の写真を指差しながら「これでいい？」みたいに訊いてくれた。

「はい、それが食べたいです！」

僕が首肯すると、続いて「ビールは飲むか？」と質問される。

「はい、飲みます！」と力強く頷くと、それで納得したのか女性はメニューを片付けて去っていった。良かった、包子だけでも問題ないらしい。

歴史ある高級店だからか、はたまた僕が頼りなさそうな外国人だからかは定かでないが、女性店員はその後もお節介なぐらいに世話を焼いてくれた。ビールをコップに注いでくれたり、お皿に黒酢を入れてくれたり。客単価をモロに押し下げていそうな自分としては恐縮してしまう。

包子は中の具にいくつか種類があるが、僕が頼んだのは最もオーソドックスな豚肉入りのものだ。金属製の蒸籠（せいろ）で出てきたので、それだけで新鮮な気持ちになった。見るからに出来たてホカホカで、メラメラと湯気が立っている。

逸る（はや）気持ちを抑えつつ、恒例の写真撮影を素早く済ませ、かぶりつく。

——う、ううう、うまいっ！

思わず叫びたくなった。口に入れた瞬間、自然と顔がほころんだ。

小籠包（ショーロンポー）のように旨味たっぷりのスープが中に包み込まれているわけではない。中華饅頭の中に肉が詰まっているだけなのに、これほど味わい深いことに驚かされる。

餡がジューシーなことに加え、饅頭の生地がフワフワなのもいい。ジューシー＆フワフワ。包子というのはどちらかといえば庶民の味で、日本でいえばB級グルメの範疇（はんちゅう）に入るのだろうが、絶品料理を食べたような感動があった。

日本で食べる肉まんと比べるとサイズは小ぶりだが、ひとつの蒸籠に八個も入っているので一人で全部食べたら余裕でお腹いっぱいになる。いくら美味しいとはいえ、同じ味の肉まんを八個も食べると途中で飽きがくるものだが、この包子に限って言えばそんなこともない。ペロリと平らげてしまった。

感無量である。わざわざ天津まで来て良かったなあ。

食後は腹ごなしも兼ねて、濱江道のショッピングストリートをさらに南下していった。歩行者天国になっているので、気楽にぶらぶらできるのがいい。

ただし、そうは言っても中国だから、突っ込みどころも用意されている。

たとえば、クルマが来ないからと油断していたら、後方からやってきた電気自動車に轢(ひ)かれそうになって、肝を冷やしたりもした。濱江道は南北一キロ以上と距離が長い。それゆえ、歩きたくない人向けに電気自動車を走らせているのだろうが、駆動音がほとんどしないから接近に気がつきにく

ビール瓶のラベルに「狗不理」の文字。お店の名前を冠したオリジナルビールのようだ。

いのだ。

　ほかにも気になったのは、そこら中からタバコの煙が漂ってくること。中国人はヘビースモーカーが多い。男性だけでなく、若い女性も歩きながらスパスパ吸っていたりして呆気に取られるが、この国ではありふれた光景だ。

　僕自身はキッパリ禁煙してもう二年以上になる。自分が吸わない身になると、わずかな臭いにも敏感に反応してしまうのだった。


　せっかく天津まで来たのだから、もう一つ食べてみたいものがあった。

　天津と聞いて思い浮かべるモノその二──天津甘栗である。

　栗を砂糖と共に炒ったもので、冬場の買い食い系おやつとして日本ではお馴染みだが、甘栗は天津飯とは違って中国にもちゃんとある。

　中国では「甘栗」ではなく、「糖炒栗子」あるいは「栗子」と呼ばれている。元々は天津ではなくもっと内陸部の名物だったそうだが、港のある天津から日本へと広まったため、そのように呼ばれるようになったのだとか。

　天津市内では「小宝栗子（しょうほうりつし）」という店が有名だというので、行ってみることにした。多店舗展開するチェーンだが、これまた本店が濱江道から近い場所にある。包子を食べた足でそのままテクテク向かったのだ。

お店は大きなクルマ通りから外れ、裏路地を入ったところに、まるで人目を避けるかのようにポツンと立地していた。知らないとまず辿り着けなそうだし、ご当地グルメの有名店にしては地味な佇まいという印象だ。

テイクアウト専門なので店内に座席などはない。というより、建物こそあれ、開いている窓から甘栗を注文する方式なので露店と大差ないと感じた。開いている窓から室内を覗くと、大きな機械で甘栗を作っている様子も見えた。

人気店なのか続々とお客さんが買いにやって来る。観光客というよりは、地元の人がほとんどのようだ。自転車で颯爽と乗りつけて甘栗を大量に仕入れていくおばさんなど、見るからに常連といった感じの客が多い。

甘栗は五百グラムで一九・八元と書かれている。人差し指を立てて「ひとつください」みたいなジェスチャーをしたら、ちょうどそれぐらいの量になるように秤で計量してくれた。メーターには「二十・二元」と表示されていたので、きっちり渡そうとすると、端数は要らないという。

きちんとデザインされた紙袋に入れて渡してくれた。中には甘栗がどっしりで、手に持つとホカホカあたたかくて、尊いものに思えてきた。

甘栗というと、秋から冬にかけての寒い季節限定の食べ物というイメージがある。栗が収穫できるのが秋だからなのだろうが、僕が天津を訪れたのは十月下旬と、期せずしてちょうど栗のベストシーズンに当たった。

「これはやはり、出来たてのを食べた方が何百倍も美味しいんだろうなあ」

などと考えながら店の周囲を見回すと、地面のあちこちに栗の皮と思しき茶色い物体が散乱している。店の私有地ではなく、恐らく公道だと思うのだが、後で店の人がまとめて片付けてくれるのだろうか。

郷に入っては郷に従え、なんて言葉もある。あまり上品ではないと自覚しつつも、欲望には逆らえなかったのが正直なところだ。先達(せんだつ)に倣(なら)って僕もここでつまみ食いしていくこと

日本で売られている甘栗も多くは中国産だ。果たして本場の味は？

にする。

　いざ食べ始めてみると、これが意外と一筋縄ではいかない食べ物であることを思い知らされた。栗の皮は硬く、素手で剝くのは結構難しいのだ。ただの栗ではなく、砂糖がかかった甘栗なので、皮と格闘しているうちに手がベトベトになってしまうのも誤算だった。ウェットティッシュを忘れたのが悔やまれる。

　感覚としては蟹を食べるのにも似ている。今回は一人旅だが、同行者がいたとしたら、きっとお互い無言で皮をムキムキするのだろうなあと想像した。

　そんなわけで、味そのものよりも「食べにくい」という感想が先行してしまった。もちろん、美味しいことは美味しいのだけれど……。

　結局五百グラム全部はさすがに一人では食べきれず、残りはお土産として持って帰ることにしたのだった。


　来たときと同じ行程を逆に辿り、高速鉄道に乗って北京へ戻る。

　帰路は時間が読めなかったから切符までは手配していなかったが、地下鉄での天津駅までの移動中にスマホで直近に出発する列車を予約した。シートリップのアプリでは、当日のたとえば一時間後に出発する列車なども即時予約できる。いやはや、本当に中国旅行も便利になったのだ。

　天津駅でも厳格なセキュリティチェックがあって、乗車するまでに荷物検査が二回、パスポートチェックが三回もあった。面倒だなあと辟易するが、これはもうそういうものだとあきらめて、流れ作業的に対応するのが得策だ。

　一等座席はすでに満席だったので、帰りは二等である。日本の新幹線と同じく、通路を挟んで片側に三席、もう片側に二席が並ぶレイアウトだった。前後間隔はそれほどでもないが、横幅が狭く感じられる。一等座席と比べると明らかにランクが落ちたが、乗車時間が短いのであまり気にはならない。

　時刻は昼下がりである。肉まん、甘栗と食べ続けてお腹いっぱいになったせいか、発車すると途端にウトウトしてきた。そのまま眠りこけてしまい、ハッと目が覚めたときにはもう北京へと帰還していたのだった。

　迷ったのがディナーに何を食べるかだった。二日連続で北京ダックというのもおもしろみに欠けるからまずは北京ダックは却下した。でも、せっかく北京にいるのだから、ここは当然ながら北京料理がベストだ。

　北京ダック以外で北京を代表する料理というコンセプトで絞り込んでいくと、次の二つが候補に挙がった。

餃子と、炸醬麺。

いずれもなんだかB級感が漂う気もするが、一人旅だとこの手のグルメのほうが好都合だったりもする。それに、これらは紛れもなく北京料理の代表選手だ。本場で味わうご当地グルメは、B級であれありがたみは大きい。

そんなわけで、まずは餃子から攻めてみることにした。天津からの高速鉄道が北京南駅に到着したので、そこからアクセスしやすい店という基準で候補を選んだ。

訪れたのは「天津百餃園」という店だ。店名に「天津」が入っており、まさに天津から帰ってきたばかりの旅人としては親近感を覚えたが、一致したのは偶然だ。「百餃」というだけあって、この店は餃子だけでなんと百種類以上ものメニューを用意している。餃子の専門店というわけだ。

餃子店というと、食堂風の簡素な店舗を想像するのだが、天津百餃園は全然そんなこともなく、むしろ立派なレストランだった。午後五時台という、夕食にはまだ早い時間帯に訪れたにもかかわらず、テーブルはほぼ埋まりかけている。これぞ人気店といった雰囲気だ。

ここでもメニューは写真付きで、英語も併記されており分かりやすい。餃子だけで数ページに渡って掲載されており、優柔不断な人間としてはどれにしようかなかなか決められないほどだ。

餃子といっても、中国のものは日本のような焼き餃子とは違って、基本は水餃子だ。形も長細くはなく、ゴロンとした丸形に近い。

日本で我々がお馴染みのあの餃子は、中国東北部、かつての満州名物の「煎餃（ジアンジアオ）」がルーツではないかと言われている。ただし、煎餃は元々水餃子だったものを焼いた料理で、生の餃子を直接焼く日本式の餃子とは製法が異なる。

台湾にも「鍋貼（グオティエ）」という焼いた餃子のような料理があって、個人的にはこちらのほうが日本の焼き餃子に似ていると感じる。羽根付きの鉄鍋餃子といった見た目で、こちらは形も長細い。

百種類以上もの餃子を揃える天津百餃園でさえも、メニューを見ると大半が大陸式の水餃子だった。いちおう煎餃も数種類だけ載っているのだが、焼き餃子はきっと亜流なのだろう。しかもウェイターのお兄さんいわく、今日は煎餃は「メイヨー」らしい。ここは大人しく水餃子を頼むのが賢明なようだ。

オーソドックスな豚肉入りのものと、「蟹黄」の二品を頼んだ。蟹黄は読んで字の如くで黄色い蟹、すなわち蟹味噌のことを指す。ほかの餃子と比べてこれだけ値が張るのだが、掲載されている写真のサイズが大きく、店のイチオシっぽいのであえて選んだ。

もちろん、飲み物はビールである。料理はメニューから指差しで注文できるが、飲み物は口頭で告げなければならない。ウェイターには英語がまったく通じなかったが、ビールの中国語である「啤酒」ぐらいは僕も知っている。

ところが、僕が「ピーチュー」と言うと、何やら訊き返されてしまった。

ハテ、発音が悪くて伝わらなかったのかな……。

もう一度、「ピーチュー」と言い、今度はコップを飲むしぐさまでしてみた。すると、お兄さんは明らかに困った顔になった。こいつには中国語で訊いても無駄だと理解したのだろう。お兄さんは両腕を抱いて、ブルブルと震えるようなジェスチャーをしてくれた。

寒い？　あっ、そうか！　僕はようやくピンときた。

「ビールは冷たいのがいいですか？」

お兄さんはきっとそう質問したかったのだ。中国ではビールなどの飲み物は冷やさないで飲む習慣がある。とくに指定しないと常温のものが出てきてしまうのだ。お兄さんは気を利かせて、僕に訊(たず)ねてくれたわけだ。

旅をしているといつも思うのだが、大切なのは語学力よりもコミュニケーション力だ。このときのエピソードなどはその典型と言えるだろう。

たとえ言葉が通じないとしても、工夫次第で意思の伝達は行える。けれど実際には、それが出来る人と、出来ない人が存在する。これは最早センスの差と言ってもいいかもしれない。

話の通じるお兄さんで良かったなあ。

肝心の餃子はどうだったかというと、やはり蟹味噌入りの方が濃厚な味わいだ。ただ、確かに美味しいのだが、正直なところ感動するほどではなかった。一品あたり十個入りで、二品頼んだので計二十個もの餃子が出てきた。とてもじゃないが、一人では食べきれない。

会計をしたら、思いのほか値段が高くて一瞬怯んだ。全部で八十二元もするが、明朗会計なので別にぼられているわけではない。餃子なんてお安い外食の代名詞だと思い込んでいたから、なおさら驚いてしまった。

お腹がいっぱいになったばかりだというのに、続いて炸醬麺も食べるべく次なる行動へ移った。我ながら食いしん坊だなあと自覚す

形が不揃いなのもいい。割ってみると、身が詰まっているのが分かる。

る。いよいよグルメ旅らしくなってきたのだ。

向かった先は王府井（ワンフーチン）だった。北京最大の繁華街であり、天安門広場からも近いこのエリアは観光のメッカとしても知られる。

そのせいか、他の駅よりもさらに厳しい警備態勢が敷かれているように見えた。数十メートルおきぐらいに制服を着た公安が立っており、威圧感がある。別に何も悪いことはしていないのだけれど、目を合わせないようにして彼らの前をそそくさと通り過ぎた。

初めて北京へ来たときから、なんだかんだいって王府井だけは毎回訪れている気がする。ミーハーかもしれないが、北京へ来たんだなあという感慨に浸れるエリアであることは確かだ。

百貨店など大きな商業施設が立ち並ぶ大通りから少し逸れた路地に、食べ物の屋台が集まった「王府井小吃（シャオチー）街」がある。差し当たっての目的地はこの屋台街だ。

観光客向けの屋台街だから、ボッタクリなど悪い噂もときどき耳にするが、そういうものだと割り切ってしまえば案外楽しめる。お目当ての炸醤麺ならば、おそらくここで食べられるだろうと狙いを定めたのだ。

過去にも何度か来ているので、記憶を頼りにその場所はすぐに探し当てることができた。ところが、到着してビックリした。なんと屋台街がまるまる閉鎖されていたのだ。跡地にはそれらしき看板などは残っているが、電気が消えており、通りの入口にはロープが張られ立入禁止となっている。

あれまあ、と僕は落胆した。党大会が行われるから一時的に閉めているのか。それとも、このままつぶしてしまうのか。中国では再開発の名の下に、伝統ある施設であっても容赦なく別のものに作り直してしまう。旅人の勝手なわがままかもしれないが、思い出の地がなくなってしまうのはなんだか寂しい。

ともあれ、やっていないとなると代替案を考えなければならなかった。といってもとくにアテはないので、付近を歩いていて目についた「美食広場」というフードコートへ突入してみることにした。

中華系のメニューを中心に、座席が並ぶスペースを取り囲むようにして料理のカウンターが並んでいる。先ほどの餃子の店と比べたら、雰囲気も値段も一気にカジュアルなものになった。とはいえ、お目当ては炸醤麺なので、高級店よりもこういう気軽な感じのほうがむしろ似合う。

僕の予想通りというか、期待通りというか、そのフードコートには炸醤麺の専門店が入っていた。事前にリサーチなどせずとも、ありそうなところにはだいたいある。北京ではそれほど定番のグルメということなのだろう。

炸醬麺は、日本でも「ジャージャー麺」の名で知られる。僕も東北地方を旅したときに、盛岡で食べたことがある。汁ナシの麺に、肉味噌をあえて食べる。店にもよるが、具はキュウリの千切りやもやしなどがポピュラーだろうか。北京名物の炸醬麺も、概(おおむ)ね同じような料理を想像するといい。

今回食べた炸醬麺には加えて大豆も載っていた。調べてみると、大豆を載せるのは北京ならではなのだという。麺はやや太めのストレート麺で色は白い。なんだかうどんのようだ。

よくまぜまぜして食べてみる――うん、美味しい。でも、正直な感想としてはちょっぴり塩辛い。飲んだ後のシメにちょうど良さそうだ。

フードコートは一人旅の味方だ。どれを食べるか迷う楽しみもある。

美食広場ではまずは共通カウンターでお金を支払って、ICカードにチャージする。各店で支払う際には現金ではなく、そのカードで行うシステムになっていた。余ったぶんは、帰り際にカウンターでカードと引き換えに返金される。アジアのフードコートでは割とよくある方式と言える。

カードのデポジットが八元で、最低五十元をチャージするルールだ。炸醤麺は二十五元だった。いやはや、安いなあ。

さすがに二軒もはしごするとお腹がはち切れそうになった。フードコートを後にして、そのままブラブラしつつ腹ごなしをする。

突然話しかけられたのは、写真を撮っていたときのことだった。

「オニーサン、カラオケ行かない？」

振り返ると、おばちゃんが薄笑いを浮かべていた。怪しさたっぷりの日本語、いやニホンゴでの勧誘である。

「オンナノコと遊ばない？」

僕が呆気に取られていると、おばさんはそう言葉を重ねた。

オンナノコはいいです、と丁重にお断りして、先へと歩を進める。

ところが、おばさんはそれが聞こえていないかのような笑顔で付いてきた。僕の隣の位置をしっかりキープし、執拗に手を引こうとしてくる。ずいぶんしつこいというか、アグレッシブすぎて怖くなった。

　無視を決め込んで早足で雑踏へ紛れ込むと、やがてあきらめたのかおばさんの姿は見えなくなった。ホッと一安心。ああ、怖かったなあ。

　それにしても、なんで日本人ってバレたんだろう。

　以前は王府井へ来ると、そこら中で日本語が聞こえてきたものだ。けれど、中国旅行が下火になったいまは、日本人の姿はめっきり見かけなくなった。

　というより、外国人観光客自体、少ないような気がした。代わりに存在感を放っているのが中国人の国内旅行者だ。たぶん田舎町からやってきたお上りさんなのだろうなあと推測した。

　なんでそう思うのかといえば、たとえば土産物屋をチェックすると分かりやすい。地元の人なら絶対見向きもしないだろうと思しき商品に異様なまでの人だかりができているのだ。

「何を売っているんだろうか」

　と気になって覗いてみると、名前が彫られたキーホルダーだったりして微笑ましい気持ちになった。

　そのキーホルダーが売られている土産物屋のすぐそばには、超巨大なアップルストアがあったりしてなんだか混沌（こんとん）としている。最新機種の「iPhone 8」が発売になって間もないから、興味本位で値段をチェックしに入店してみると、日本で買うよりもずっと高くてすぐに退散した。

この夜の王府井の散策中には、もう一つ驚くべき発見があった。

何かというと、狗不理包子の支店を見つけたのだ。看板の文字を見た瞬間、我が目を疑った。えっ、マジで？　と思わず声が出た。

そう、昼間天津で食べたあの肉まんの店である。わざわざ天津まで食べに行かずとも、北京にも同じお店があったのだ。うーむ、トホホなのである。

（四）並んででも飲みたい絶品茶

中国は日本との時差がたった一時間だから、普段の生活リズムを崩さないで済むのはありがたい。三日目の朝は、昨日よりもさらに早く目が覚めた。

——自分もすっかり朝型の旅人になったなあ。

などと夜型だった時代を懐かしんでいると、この日も廊下から掃除のおばちゃんたちの喋り声が聞こえてきてオヤッとなった。まだ六時台だというのに仕事熱心で感心する。中国人は僕なんかよりずっと朝型なのかもしれない。

朝ごはんは昨日のうちに買ってあったパンを頬張ることにした。天津で美味しそうなパン屋を見つけたので、ついついお買い上げしてしまったのだ。

グルメな旅をテーマに掲げておきながら、パンというのもどうかと一瞬思ったが、ただのパンではないから良しとすることにした。中国ならではのローカルパンなのである。

なにせ、そのネーミングからしておもしろい。下手に漢字が分かる日本人だからこそ、文字の意味を考えて混乱してしまうのだとも言える。

ズバリ、「毛毛虫」である。

知らないと「えっ、毛虫？」とギョッとしそうだが、この国では非常にポピュラーなパンのようで、北京に限らず地方都市でもよく目にする。

どんなパンかというと、長細いコッペパンに、クリームで縞々模様を描いたような外見をしている。名前通りの形と言っていいだろう。そう、毛虫形のパンなのだ。

生地の中には甘いクリームも挟まれている。とはいえ、今回はちゃんとしたベーカリーで買ったので、甘過ぎることもなく普通に美味しいパンだった。食べるならコーヒーも欲しい。部屋に備え付けのケトルで湯を沸かし、日本から持参したインスタントドリップ方式のコーヒーを淹(い)れた。

ちなみにコーヒー以外にも、緑茶や紅茶の

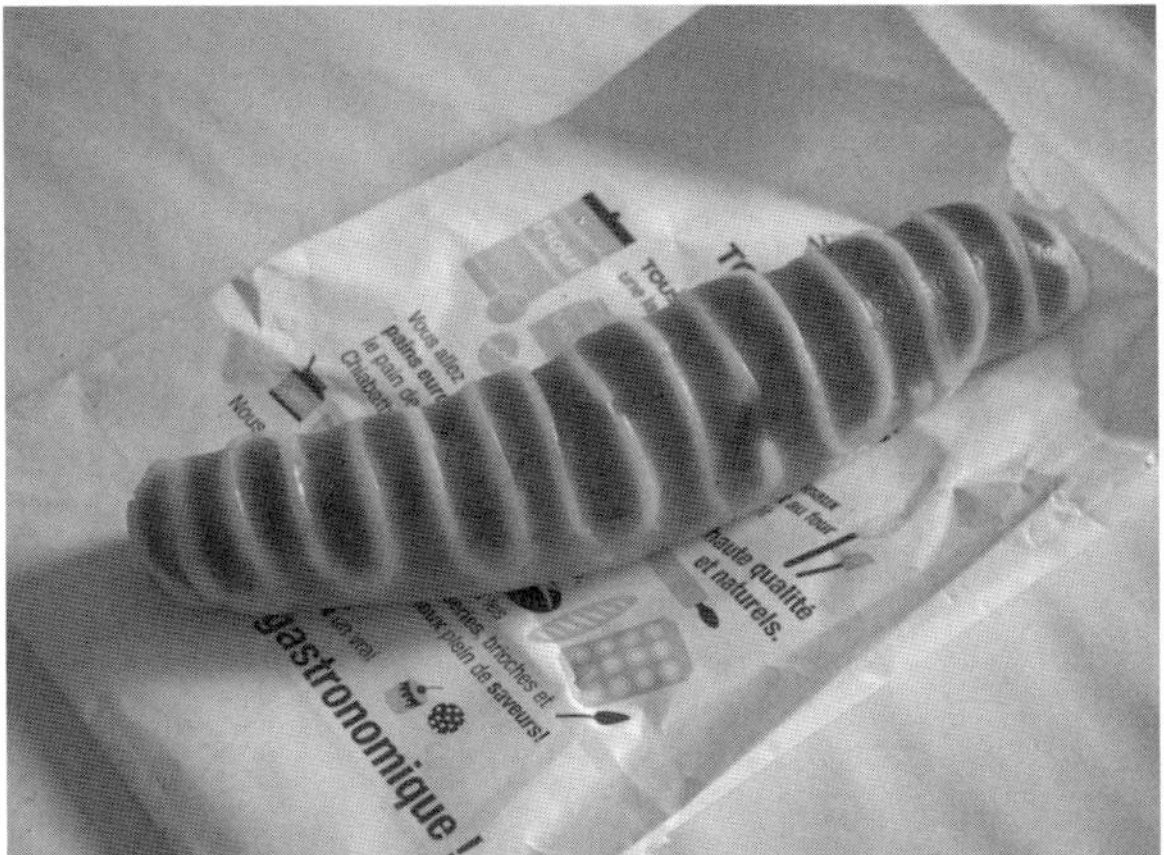

朝食に毛毛虫を。中国はこの手の菓子パン類が案外充実している。

ティーバッグなども持参している。中国のホテルには湯沸かしや、お湯が入った魔法瓶などが必ず設置してあるから、好みのお茶などを荷物に入れておくのは定石の一つだ。

コーヒーを飲んだらようやく体が少しあったまった。実は部屋が妙に寒かったのだ。暖房はもちろん付いていて、ダイヤルを最大値の三十度にセットしているのだが、壊れているのか暖かい風が全然出てこない。まだ十月だからなんとか我慢できたが、真冬だったら死活問題になりそうだ。

この日はもう夜の便で日本へ帰国する。先にチェックアウトを済ませて、荷物をフロントで預かってもらうようお願いすると、預けるカバンを開けて中を見せるようにと指示された。は？　なんで？　と訝(いぶか)ったが、どうやらセキュリティのためらしい。

例の党大会の影響で北京全体がものものしい雰囲気に包まれているし、ホテル側の判断というよりは、当局からそうしろというお達しが出されている可能性もある。

渋々カバンを開けると、内部を目視するだけでなく、ハンディタイプの金属探知機をあてるという念の入れようで閉口した。ホテルでこんな対応を受けたのは、長い旅人人生の中でも初めてだ。

飛行機の出発予定時刻は二十時四十分。日中はまるまる市内で過ごせるスケジュールだ。

とくに予定は決めていなかったが、北京の最新情報をネットで調べている中で最も気になった南鑼鼓巷へ行ってみることにした。

場所は故宮の北側、前海という湖のすぐ東側。昔ながらの北京の街並みがいまも残るエリアだ。「胡同」と称される細い路地に、伝統的な家屋が立ち並ぶ。その一方で、小洒落たカフェやバーなどが集まり、若者たちで賑わっている。新旧入り交じったユニークなスポットと言えるだろうか。

地下鉄を南鑼鼓巷駅で降りて地上へ出ると、大きな中華門が立っている。この門から先の通りがメインストリートだ。五年ぐらい前に来たときには、まだこの門の周りを工事していたと記憶している。まずはしっかり完成していることに感心させられた。

レトロムード漂うお店が、道に沿って軒を連ねている。元々あった伝統的な家屋をリノベーションしたのだろう。どこも外観は古いが中は小綺麗だ。路上はきちんと掃除されているし、街路樹も多くて散策していて気持ちがいい。

以前は北京市内のあちこちで目にした胡同も、北京五輪を機に一斉に取り壊されてしまった。区画全体を大きなフェンスで囲い、中の家屋をまるっと撤去してしまうというチャイナ方式の「再開発」を当時この目で見てカルチャーショックを受けたのを覚えている。

とはいえ、胡同に観光的な価値があることは当局も理解していたのだろう。一部の胡同は保存地区として残された。南鑼鼓巷もそれらのうちの一つというわけだが、街の賑わいぶりからはその試みは上手くいっているように見える。

東京でいえば、代官山と原宿の竹下通りを足して二で割ったような雰囲気だなあと感じた。風景の全体感としては確かに洒落ているのだが、個々のお店をチェックすると結構ファンシーだったり、チープシックだったりする。

分かりやすい例を挙げるなら、買い食い系のスイーツを売る店が多い。原宿のクレープ屋のようなイメージだ。

トーストにハチミツをたっぷりかけたものや、アイスクリームをチュロスで挟んだものなど。どれも過剰なまでに甘そうなので、甘いもの好きの自分でさえ敬遠してしまうのだが、それなりに繁盛していそうだ。

ともあれ、ラインナップが日本では見かけたことがない、中国ならではと言えそうなものばかりなので、冷やかしで歩くだけでも楽しめる。

個人的に注目したのは、巨大な小籠包にストローを差して中のスープをチューチュー飲むというシロモノ。こちらは甘い系ではなくしょっぱい系だが、見た目のインパクトはナンバーワンかもしれない。

せっかくなので買ってみた。ひとつ二十元。おもしろいし、美味しいけど、コスパは悪いというのが率直な感想だ。これはこれで悪くはないのだが、小籠包は普通に食べた方が絶対美味しいという結論に至った。

手軽なスナック類を食べ歩くのは愉快だけれど、昼食までそういうもので済ませるのはもったいないよなあ、などとぼんやり考えながら通りを歩いていたら、いいタイミングで美味しそうな店が目の前に現れた。通りに面してオープンエアになっており店内の様子が見えるのだが、客席がほぼ埋まっている。

看板の店名を確認して、アッとなった。知っている店だったのだ。

「都一処（といちしょ）」という焼売の専門店である。創業三百年近い老舗で、清の乾隆帝がお忍びで食べに来たこともあるというほどの名店だ。本店は確か前門にあったはずだが、南鑼鼓巷に

飲んで味わう小籠包。ちょうど手の平に収まるぐらいの大きさだ。

も支店が出ているとは知らなかった。

ここで出合ったのも何かの縁、ということで食べて行くことにした。

場所柄なのか、この支店ではキャッシュオン方式を採用しているようで、レジの前には列が出来ていた。ところが一番後ろに並ぶと、店員のお兄さんに手招きされ、空いているテーブルへ案内してくれた。なんだ、テーブルでオーダーできるのか、と思ったらこのお兄さんに先払いをして、代わりにレジで注文してきてくれるという。

メニューを見ると、色々と種類があったが、やはりここのウリは焼売である。最もスタンダードな「三鮮焼売」を注文する。これだけでもお腹いっぱいになりそうだが、お兄さんがやたらとしつこく炸醬麺をオススメしてくるのでそれも頼んだ。炸醬麺は昨晩も食べたのだけれど……まあいいか。

昨日から肉まんやら餃子やら小籠包やら、いわゆる粉モノばかりやたらと続いている気もするが、それもまた北京の旅らしいと言えなくもない。この地では、そういった粉モノ系の料理がご当地グルメになっているのだ。

すでに出来ているものを持ってくるだけだからか、頼んでから一分ぐらいでサクッと料理が運ばれてきた。ヨーロッパではこうはいかない。せっかちな旅人としては、こういう店に来る度に「アジアはいいなあ」と目を細めるのだ。

肝心の焼売のお味であるが、これが大当たりだった。めちゃウマ。ほっぺたが落ちそうとはこのことだ。大げさかもしれないが、この旅で色々食べてきた粉モノすべてを抜き去った感じ。

さらにはお兄さん大プッシュの炸醬麵も、これまたヤバイぐらいに美味い。昨晩フードコートで食べたものは、不必要なまでにしょっぱいなあと感じていたのだ。この店の炸醬麵もしょっぱいことはしょっぱいのだけれど、味にまとまりのようなものがあってそれほど気にならない。具の種類などは大差ないし、調理法もシンプルなので、純粋にタレや麵のクオリティに違いがあるのだろう。

飲み物にプラムジュースを注文して、これでしめて八十八元だった。ランチにしては贅沢だが、満足度はかなり高い。身も心も満ぷくなり。

食べ物の話ばかりなので、ほかのエピソードも紹介すると、南鑼鼓巷では「メイソ

綺麗に盛り付けされているから、混ぜるのがなんだかもったいない。

ウ」の店舗があったので立ち寄ってみた。

中国で近年急速に拡大中の雑貨チェーンだ。創業からわずか三年で千店舗以上をオープンし、二〇一六年の売上高は約十五億ドルにもなるという。いくら中国とはいえ、あまりの成長の早さに度肝を抜かれる。

どんな店かというと、とにかく突っ込みどころ満載の店だ。とくに日本人としては気になる点が多すぎて、穏やかな気持ちでは向き合えないほどである。

そもそも名称からして妙に親近感を覚える。「メイソウ」という店名だが、本当に日本語のカタカナでそう書かれているのだ。アルファベットで「ＭＩＮＩＳＯ」と併記されてもいる。そのまま読めば「ミニソウ」になるのでは？　などと素朴な疑問も抱くが、そこを突っ込むのは野暮というものだ。

漢字の社名は「名創優品」と書かれている。売られている商品のタグには会社の所在地が書かれているのだが、見ると「東京都中央区銀座～」となっていた。本社はなんと日本の銀座にあり、公式サイトを見ると日本にも何店舗か支店が進出済みなのだと分かった。

四角い赤地に白文字でデザインされたロゴも妙に既視感がある。そう、ユニクロのロゴに似ている。意識してそうデザインしたのだろうか。ちなみに僕が訪れたときには、店頭の目立つ棚にヒートテックに似たインナーが並んでいた。

ただユニクロのように衣類中心の店ではない。靴下や手袋、帽子といったファッション系の小物はあるが、カテゴリーとしてはあくまでも雑貨屋に入る。生活雑貨、インテリア雑貨のほか、スマホ用の接続ケーブルやヘッドホン、モバイルバッテリーなどデジタル・ガジェットも多い。

僕自身はユニクロと無印良品とダイソーを足して三で割ったような店だなあと感じたのだが、後でネットで調べてみるとなんとまったく同じ紹介のされ方をしていて苦笑した。なんだか僕まで文章表現をパクったみたいで勘違いされそうなので、念のため補足しておく。ともかく、他の人も同じ印象を抱いたということは、要するにそういう店ということなのだろう。

メイソウ自体は開き直っているのか、日本テイストを前面に打ち出している。商品パッケージの説明書きや、宣伝ポスターのキャッチコピーなど、そこかしこに日本語が紛れている。ここまで突き抜けているとむしろ潔いぐらいで、ある意味中国らしくていいなあと僕は好意的に解釈したのだった。

ただ、誤解してはいけないのは、商品はどれも低価格ながら、パッと見で安っぽいかというと案外そうでもないことだ。この値段でこのクオリティなら買いたい、と思える品物が普通にある。掘り出し物を探すという、雑貨屋本来の楽しみ方を満喫できる店であると、さらに肯定的にオススメしておこう。

このときは豚のぬいぐるみが売られていたので、娘へのお土産にひとつ買ってみた。十五元とお手頃価格なのが嬉しい。『ペッパピッグ』というイギリスの幼児向けアニメのキャラクターだ。日本だと低年齢層向けアニメといえばアンパンマンが国民的人気作品だが、イギリスでは同じような感覚でこのペッパピッグが愛されているのだという。

実は今回の旅では、この豚のキャラをそこら中で見かけて気になっていた。北京だけでなく、天津でも何度も目にした。中国で流行っているのだろうか。

ちょうどこの十月から、日本でもこのペッパピッグのアニメが放送されていることも知った。へえ、それは帰ったらぜひ観てみたい。だとしたら、日本では売っていなそうなぬいぐるみは、なおさらお土産に良さそうだ。

南鑼鼓巷はメインストリートがある意味テーマパーク状態と化している一方で、そこから一歩でも路地へ逸れると、飾らない昔ながらのローカルな風情も見られ、なかなか興味深い。洗濯物が干してあったり、その下で犬が舟を漕いでいたり。住人と思しきおばちゃんたちが、井戸端会議に花を咲かせている光景もとても絵になる。

その「飾らなさぶり」を表すのにふさわしいエピソードを一つ紹介したい。

歩き疲れたので、トイレ休憩を兼ねてカフェに立ち寄ったときのことだ。センスのいいインテリアが配され、ジャズが流れる、南鑼鼓巷らしいオシャレなカフェだが、店内にはトイレがないのだと言われてしまった。

「外に出て、すぐそこの路地を進んで左側です」

　店の女性に教えられた通りに行ってみると、公共のトイレがあった。

　そうして中へ入った瞬間、僕は固まってしまった。

　ズボンを下ろしたオジサンがこちらを向いて目の前にしゃがみ込んでいたのだ。個室ではなく、仕切りもなく、便器だけが置かれている。

　久々に出合ったなあ。俗に「ニーハオトイレ」と称される、開放的なトイレだ。オジサンから見ると、ちょうどトイレの建物入口が

南鑼鼓巷のメインストリート。風景のどこを切り取っても絵になる。

正面に当たるため、中へ入ってくる人は悉（ことごと）くこのオジサンと目が合うことになる。

　あちこち建て替えて綺麗になったけれど、まだまだ昔ながらの飾らない風景も残っている。北京は奥が深い街だ。こういうものをおもしろがれるかどうかが旅人に問われることになる。少なくとも僕は懐かしい気持ちになった。


　物々しい警備態勢が敷かれているのは南鑼鼓巷も同様だった。ここでも王府井同様、数十メートルごとに制服を着た公安が目を光らせている。とはいえ、三日目にもなるとこの風景にも慣れたもので、段々と気にならなくなってきた。あまりにも当たり前のように場に存在するから、もはや景色の一部なのだ。

「でも、お陰でスリとかもいなそうだし、治安の面では悪くないかも」

　なんてことまで考え始めたほどだ。

　過剰なまでのセキュリティにストレスを感じているのは観光客だけではないようだ。再び地下鉄に乗ろうと駅へ戻ると、荷物検査のところで何やら揉めている女性がいた。係員と喧々囂々（けんけんごうごう）のやり取りをしており、険悪な雰囲気だ。

　状況から察するに、女性が持っている楽器ケースを検査機に通すのを拒否しており、トラブルになっているようだった。揉めているからといって、他の人を先に通すことをしないため、順番待ちの後ろがどんどん詰まってくる。

「なぜ進まないんだ？」

そんなひそひそ声が聞こえてくる。みんな訝しげな表情だ。

やがて女性はあきらめたのか、渋々カバンを検査機に通していた。通し終わってからさらにカバンを開けさせられてもいた。中身は金管楽器のようだった。素人目にも明らかに高価なものだと分かる。手荒に扱われそうだからと躊躇したのであろう彼女に対して、同情の気持ちが芽生えた。

地下鉄を乗り継いで青年路駅で降りた。この駅に直結する朝陽大悦城というショッピングモールが、北京の数あるモールの中でもとくにおもしろいと聞いて行ってみたのだ。

僕は大型モールのようなところが結構好きで、旅先でも割と積極的に立ち寄るようにしている。純粋な観光とはちょっと違うが、その土地のトレンドを肌で感じることもできたりして、好奇心を刺激される。

想像していた通り、朝陽大悦城は中国らしい超巨大なショッピングセンターだった。中へ入ってまずビックリしたのがエスカレーターだ。入口の近くにあったから何気なく乗ってみたのだが、これが途轍もなく長いエスカレーターだった。

「一体どこまで上るんだろうか」

と呆気に取られてしまったほどだ。なんと一階から五階までノンストップ。こんなに長いエスカレーターは初めてかもしれない。

来てみたもののとくにアテはないから、ここでもブラブラ歩きスタイルで見て回る。地下には日本人にはお馴染みのイオンなんかも入っていた。日本食材もあるが、ハミウリなど中国らしい商品も並んでいる。

ハミウリというのは西域の新疆(しんきょう)ウイグル自治区などが産地のメロンのことで、中国では全土的に食べられている定番フルーツだ。僕はこれが大好物で、過去の著書などでも何度も紹介したことがある。

特徴としては普通のメロンのように真ん丸ではなく、ラグビーボールのような形をしている。皮には編み目があり、果肉は夕張メロンのような赤系。ところが食べてみるとシャキシャキしており、まるでスイカのような食感なのがおもしろい。我が家では「食感スイカで味メロン」と呼んでいる。

夕張メロンは高級品だが、ハミウリは中国でも庶民的な果物で値段は安い。カット売りされたものを屋台で売っている光景も目にしたことがある。訪れたモール内のイオンでも一つ十元となっていた。買って帰りたいが、日本への持ち込みは禁止されている。泣く泣くあきらめるほかないのだった。

朝陽大悦城で僕がとくに衝撃を受けたのは、とあるお茶屋さんだった。偶然通りかかったら、尋常じゃない数の人たちがお店の前に列をなしていて気になった。割り込み防止のためなのかロープが張られており、警備員が行列整理までしている。

何の店だろうかと不思議に思い覗いてみると、どうやらお茶屋さんのようだった。派手好きな中国にしては珍しい、シンプルなデザインの店構えが逆に目を引く。店名のロゴも小さめで、自己主張が強くなさそうなところも好感が持てる。「喜茶」という名前で、「HEY TEA」と英語が併記されている。

「その漢字でHEYTEAと呼ぶのは広州人っぽいセンスだね」

お店の話を中国に詳しい友人にしたら、そんな台詞が返ってきた。調べてみるとまさにその友人の言う通りで、広州が発祥のお茶屋さんなのだと分かった。

店頭には大きな試験管のような円筒形の容器が無数に並べられており、その前にスタッフが立って作業をしている。まるで化学の実験をしているようだ。なるほど、これでお茶を淹れているのだろう。サードウェーブ系のコーヒー屋でコーヒーをハンドドリップしている光景にも通ずるものがある。

この手の流行り物には弱いタイプである。これは是非とも飲んでみたいという衝動に駆られ、列に並んでみたのだ。すると店員さんからチラシが配られた。表面でお茶の種類を紹介し、裏面に具体的なメニューと料金が一覧になっている。これまた洒落たデザインだし、印刷もカラー刷りとお金がかかっていそうだ。

列に並んでいるうちにスマホで検索してみると、日本語の紹介記事を見つけた。同チェーンの上海店のレポートなのだが、「最低でも三〜四時間は並ばないと購入できない」「最大で七時間並ぶ」など恐ろしい情報が書かれている。どうやら超が付くほどの人気店らしい。

記事では、看板メニューは岩塩チーズ入りのお茶だと紹介されている。

「……チーズ入りの、……お茶？」

一体どういうことだろうか。正直ピンとこないのだが、とりあえず試してみることにした。

幸いにも列の回転は早くて、十五分ぐらいで自分の番になり、「金風茶王」を頼んだ。一杯二十六元。そこそこいい値段をとるが、すぐ隣にあるスターバックスよりは若干安めという、絶妙な値段設定である。

もらったチラシによると、取り扱っているお茶は「緑茶」「金風」「四季春」「嫣紅」の四種類が基本のようだ。金風茶王は烏龍茶ベースのお茶である。

代金を支払うと、フードコートなどでよくある呼び出しブザーのようなものを渡された。オーダーを受けてから淹れるので、場合によっては注文してから三十分以上待つこともあるというが、このときは五分ぐらいで呼ばれた。

かろうじて一席だけ空いていた席を確保する。一口飲んでみて、ぶったまげた。めちゃウマ。何だコレ。これまでに飲んだことのない不思議な味だった。

まず、お茶といっても温かい飲み物ではなく、アイスティーである。半透明のプラスチック製カップに入っており、蓋が付いているのだが、この蓋の一部が左右にスライドして飲み口になる構造。ストローも別途もらえるのだが、基本はカップからそのままグビグビッと飲むスタイルのようだ。

最大の特徴とも言えるチーズは、お茶の液体の上部に白い泡の層になって浮かんでいた。頼んだのが烏龍茶ベースの茶色系のお茶だったせいか、まるで生ビールのようにも見える。カップをグビッとすると、白いチーズがビールの泡のように動く。チーズをかき混ぜた方がいいのか迷ったが、周りの客の飲み方を観察した限りでは、かき混ぜずにそのまま飲んでいるようだった。

お茶自体は甘いが、チーズのお陰で甘み

蓋が付いたプラスチック容器に入って出てきた。上部に浮いているのがチーズだ。

はあまり気にならない。クリーミーでコクのあるチーズだ。それほどしょっぱくはない。飲み物のようでスイーツのようでもある。一つだけ確かなのは、カロリーの高そうなお茶だということ。個人的にはそれはそれで全然アリだ。

焼売に引き続き、またしても大当たり。前もってリサーチしたうえで訪れたわけではなく、たまたま通りかかった店で美味しいものに出合えると喜びはさらに大きなものになる。してやったり、とでも言おうか。

この喜茶というお店だが、いまのところ日本には進出していない。近所にあったなら頻繁に通ってしまいそうだ。

短期旅行ではいつもそうだが、ようやく街に慣れてきた頃には、帰り支度をはじめなければならない。

「もう少し、いたいのになあ……」

というぐらいでサッサと引き揚げる。やりたいことをやり尽くすのではなく、あえてやり残しがあったほうが次回の旅に繋がるような気もする。

喜茶での体験が、北京での最後のアクティビティとなった。地下鉄を乗り継いでいったんホテルへ戻り、預けておいた荷物をピックアップする。最寄り駅からは専用快速に乗れるので、空港までの移動は楽チンだ。

　中国の空港はとにかく混雑している印象が強い。だから、いつもよりかなり早めに空港へ来たのだが、意外にもチェックインカウンターは空いていた。

　荷物を預け、搭乗券を受け取ると、旅ももう終わったかのような気持ちになった。出発前は、手強い国だからと自分の中で勝手に警戒していたのだが、来てみたら予想していた以上に中国の旅も快適で、心配は杞憂（きゆう）に終わった。

「案外楽勝だったなあ」

　すっかり警戒を解いていたのだが——最後まで油断は禁物である。

　空港の出国審査場で列に並んでいるときのことだった。突然背後から肩をちょんと突かれた。振り返ると、どこかで見たことのある男が立っていた。誰だろうかと一瞬考えたが、チェックインカウンターで担当してくれた航空会社のスタッフだとすぐに思い出した。

「中国語は話せますか？」

　と英語で訊かれたので、ノーと首を振る。すると、カウンターまで戻って欲しいと言う。

　えええっ……なぜ？　まったく心当たりはなく、頭の中が「？」で埋め尽くされる。なんだかいや〜な展開だ。出国審査場まで追いかけてくるぐらいだから、何か大きなトラブルが発生したのだろうか。

大人しく従ってカウンターへ戻ると、預けたはずの僕のカバンが置かれていた。カウンターの中へ入って、カバンを開けて中を見せるようにとのこと。すぐ横のモニター画面には、カバンをスキャンしたと思しき画像が映っており、男性はその中のある部分を指差して言った。

「これはバッテリーではないですか？」

なるほど、とようやく得心する。中国の飛行機ではリチウムイオンのバッテリーの持ち込みに厳しい制限が設けられていることは知っていた。荷物の中にバッテリーが入っていたせいで検査に引っかかった、というわけだ。

画面に映っていたのは小さな四角い物体だった。自分でパッキングした自分のカバンなのだから、なんとなく察しがついた。

もしかして――開けてみると、やはりそうだった。ミラーレス一眼用の予備バッテリーである。撮影機材は重たいから、使わなそうなものは機内預けにしている。バッテリーだけは手荷物にしたつもりでいたが、一つだけ入れたままにしてしまったらしい。

取り出して男性の目の前で手荷物のカバンに移す。念のためその場でもう一度スキャンをする。今度こそオーケーが出て無罪放免となった。

改めてイミグレーションに並び出国したところで、今度は手荷物の検査があったが、こちらも「そこまでするのか」と驚くほどの厳しさだった。

ここでも槍玉（やりだま）に上がったのはバッテリーだ。他の国でそうするようにＰＣだけはあらかじめ取り出していたのだが、検査機に流したところで引っかかった。自分は旅先に多数の電子機器類を持ち込んでいる。それらをすべて出してトレーに置くようにと指示された。

タブレットやカメラ関連の機器、さらにはニンテンドースイッチまで執拗に調べられた。モバイルバッテリーに至っては、側面に書かれたスペックを入念に確認しているようだった。恐らくアンペア数を見ているのだろう。電池容量によっては機内に持ち込めない決まりがあるからだ。

こういった検査は基本的にはテロ対策のためだろうし、乗客としては安全確保に力を入れてくれるのはありがたいことなのだが、一方でこの徹底ぶりは良くも悪くも中国らしいなあという感想も持った。

いまはもう自分は禁煙者なので関係ないが、かつてはタバコのライターでよく引っかかったのも思い出す。中国ではライターは機内預けも手荷物も禁止で、見つかると没収されてしまうのだ。どんなに奥底に入っていても、見事に発見されてしまうから感心していたほどだった。考えたらライターがバッテリーに変わっただけで、やっていることは同じだ。

そういえば、中国の飛行機では飛行中は全面的にスマホの使用が禁止されている。離着陸時はNGだったとしても、飛行中は機内モードなどに設定して電波さえ発信しなければOKなのが世界的な統一ルールなのに。

なんでこんなに厳しいのだろうかと疑問を抱くが、この問題について旅仲間が次のような見解を述べていて、なるほどと思った。

「離着陸時以外はOKみたいな中途半端さを残すと、ルールを破る人が絶対出てくるから。実際、着陸間際に電話し始める人とか普通にいるからね。いっそのこと全面禁止にした方がいいんでしょう」

真相は定かではないが、中国人の国民性を的確に分析した推測だなあと僕は納得させられてしまった。

やはり、中国は一筋縄ではいかない。人口が桁違いだし、国土もドデカい。我々日本人の常識が通用しないのも仕方ないし、やはりそういう部分こそがこの国を旅するおもしろさなのだなあと思う。

帰りの海南航空の便は満席だとアナウンスが流れた。羽田までは三時間二十分。なんだかあっという間だ。来る前は「近いようで遠い」国だと感じていたが、それが「遠いようで近い」国に自分の中で変わりつつあった。

弐章　上海　湖南省　広州・深圳

（五）ふたたび中国、満ぷくお代わり旅

にわかにマイブームが到来しそうな予感さえ抱く。

北京の旅から帰ってきた途端、中国が恋しくなったのは自分でも意外な展開だった。いわば「中国ロス」とでもいった感じ。当初は「気が進まない」などと憎まれ口も叩いていたのに……手の平返しとはこのことだ。

ハマるときは、とことんのめり込むタイプである。

突如として中華料理屋へ足繁く通うようになった。我ながら分かりやすい行動だなあと自嘲もする。

中華料理というよりも、中国料理といった方がいいかもしれない。

たとえば、池袋の「海底撈火鍋（かいていろうひなべ）」や、神保町の「馬子禄（マーズールー）」など。前者は中国国内で大行列ができるほど流行ったという火鍋チェーンの日本一号店で、後者はこの前北京でも食べた蘭州牛肉麺の専門店だ。いずれも和食ナイズされた中華料理ではなく、本場の中国料理が味わえる、中国人も味に納得する店である。

それらの店でチャイナ方式のやたらと長い箸で食事をしながら、

「ああ、中国は美味しかったなあ」

と、遠い目になる。そんな日々を送っているうちに、居ても立ってもいられなくなってきた。ふたたび中国を旅してみたいという衝動に駆られた。

かの国に対しては引き続き不安なところもある。けれど、こうも胃袋をガッツリ摑まれたら悔しいけれど正直どうにもならない。次の旅先にまた中国を選んだ。二回連続で同じ国を旅するなんて自分にしては珍しいパターンだ。

まだ食べ足りない、もう少し食べたい——だから、お代わり。

差し当たっての行き先を上海としたのは、同行者を募りやすかったからだ。大皿料理が基本のこの国では、一人旅だとどうしても不利になる。割り切って残す前提で多めに頼むにしても限界がある。北京ではなかば強引に一人で北京ダックに挑んだりもしたが、結局一羽の半分も食べられなかった。

そんな反省点を踏まえて、今回は誰かを巻き込んでしまおうと企んだ。上海ならば日本からのフライト数が多いし、航空券も安い。ワガママな旅人に付き合わせるにはお誂え向きのデスティネーションだと考えたのだ。

上海へは近年はＬＣＣも飛ぶようになった。安く行けるのは何よりも魅力だ。

今回はピーチで予約したのだが、金曜夜出発にもかかわらず、羽田～上海が一万三千八百九十円だった。東京～新大阪間の新幹線の指定席より安い。預け荷物や座席指定などのオプションがセットになった「バリューピーチ」という料金で、オプションを付けないのならさらに安いプランも存在する。

これは片道の運賃だ。国際線のレガシーキャリアでは片道チケットだと割高だが、LCCでは区間ごとに購入するため片道か往復かは関係がない。必ずしも往復にこだわらなくていいのは、価格に次ぐLCCの利点だ。

今回はこの利点を生かす形で旅の計画を練ってみた。日本から上海へ飛んだ後、中国国内を旅する。街から街へと移動を繰り返していく。帰りは別の都市からまたLCCで帰国すればいい。すなわち、周遊型の旅である。

全日程は無理としても、最初の上海部分だけなら同行できる、という人はいるかもしれない。

心当たりのある友人にさっそくメッセージを送ってみる。

すると、「行きます！」とほぼ即答で返ってきたから嬉しくなった。

「ちょっと渋谷にでも飲みに行こう」

みたいなゆるいノリで海外まで一緒に付いてきてくれる。持つべきものはフットワークの軽い旅仲間なのだ。

会社勤めをしているその友人は金曜夜に一緒に出発して、日曜夜の便で日本へ帰ることに決まった。現地たった一泊の週末海外。忙（せわ）しない旅になりそうだが、彼もまた短期旅行はある意味プロ級である。これまでも何度も、ごく限られた日程で我が旅に参加してくれている。

「実は去年も上海へ行ったんですよ。そのときも週末だけで……」

話を聞いてみると、その旅では彼も一人での食事に限界を感じたのだという。中国でグルメな旅をするなら同行者がいると超心強いよね、という意見で僕たちは一致し、上海へ行ったら何を食べるかという話で大いに盛り上がった。

同行者がいる旅では、旅が始まる前にあれこれ話し合いつつ計画を練っていく過程もまた楽しい。仕事の打ち合わせとは違って、遊びだから気も楽だ。ホテルをどうするかや、現地で行きたい店などをお互い情報交換する。

やり取りの場はもっぱらＳＮＳである。フェイスブックでもツイッターでもなく、「微信（ウェイシン）」という中国のＳＮＳが今回はメインの連絡手段になった。日本でいえばＬＩＮＥのようなサービスを想像すると分かりやすい。英語だと「ＷｅＣｈａｔ」と書くので、本書では以後「ウィーチャット」と記す。

　実は、ちょうど我々の共通の友人が上海に駐在しており、週末だし、せっかくだから彼も巻き込んでみんなで遊ぼうという話になった。彼は中国在住だから、連絡を取り合うとなるとウィーチャット経由が最も手っ取り早い。

　日本人にはあまり馴染みがないこのウィーチャットだが、中国においては必須級のウェブサービスと言っていいだろう。チャットや無料通話といったコミュニケーション機能に加え、微信支付（ウェイシンジーフー）＝ＷｅＣｈａｔ Ｐａｙ（ウィーチャットペイ）という決済機能を提供している点が大きな特徴だ。

　いわば電子マネーの一種である。スマホのアプリに金額をチャージして、各種支払いの際に現金代わりに使用できる。そう言うと日本のたとえばＳＵＩＣＡやＥｄｙなどと同じようだが、その利便性や普及率などを比べるとウィーチャットペイの方が遥かに優れていると感じる。

　ユニークなのは、お店等での支払いだけでなく、ユーザー間でのお金の授受ができることだ。ネットワーク内で送受信する方法のほか、スマホの画面にＱＲコードを表示させて、それを別のスマホのカメラで読み取るやり方なども用意されている。実際にやってみると、手軽すぎてビックリするほどだ。

「ラインにも似た機能はあるけど、友だちにならないと送金できないんだよね。これだと誰にでも送金できる。電子マネーの導入コストがかからないのも大きいよね。ＱＲコードを印刷してお店に貼っておくだけだから」

とは、ＩＴ事情に詳しいまた別の友だちの言。最近は物乞いも空き缶代わりにＱＲコードを掲示しているような状況というから素直に感心させられる。

「中国人は財布を持ち歩かなくなった」

などという噂を近年ちらほらと耳にしていた。ウィーチャットペイをはじめとするスマホ決済が爆発的に普及したお陰だ。最早生活に欠かせないインフラの一種のような存在になっている。この分野では中国は先進的なのだ。

実は前回の北京旅行から、僕自身もウィーチャットペイを導入していた。とりあえずはお試しとして、コンビニやカフェなどで利用してみただけだが、確かにこれは便利だなあという感想を持った。

ちなみに中国国外に住む外国人でも、ちょっとした裏ワザを駆使することでウィーチャットペイを利用できるようになる。といっても別に難しいことはなく、すでにユーザーになっている誰かから送金してもらうだけだ。

僕は先ほどのＩＴ事情通の友だちにお願いした。送金する金額は不問なので、それこそ一元でも構わない。アプリ自体は日本語化されており操作は簡単だ。

なんだか説明が長くなってしまった。この手のＩＴネタは個人的に最も好きなジャンルなので、つい食いついてしまう。まあでも、旅行先のお金というのは旅行者にとって重要なトピックスだし、紹介する意味は少なからずあるだろう、ということで。

出発空港は前回に引き続き羽田である。二十二時二十分にバスタ新宿から出るバスに乗って、二十三時前には羽田空港の国際線ターミナルに到着した。この時間は道路も空いており、あっという間だ。羽田だとやはり成田へ行くよりも断然近い。

飛行機の出発時刻は午前二時十分である。これは前回利用した北京行き海南航空の便とほぼ同時刻。僕たちが乗るピーチのチェックインカウンターは、まさにその海南航空のカウンターの向かいだった。あちらもちょうど北京行きのチェックインが始まったようだった。

「台風で遅延しなければ、自分もあの列に並んだのだなあ」

なんだか昔の知り合いに会ったようで、懐かしい気分に浸っていると、今回の旅の道連れフジフミさんがスーツケースを転がしながら現れた。

やあやあ、どうもどうもと、お互い挨拶を交わしつつ、サクッとチェックインを済ませたのが二十三時すぎのことである。飛行機の出発まではまだ三時間近くもある。ちょっと早く来すぎたかもしれない。

「とりあえず飲みましょうか」

必然的にそういう流れになり、エスカレーターを上がって四階のレストラン街にある居酒屋へ突入し、まずは生ビールで旅の前途を祝して乾杯した。

窓際の席についたら、眼下にちょうどピーチのカウンターが望めた。状況を時折チェックした限りでは列が途切れることなく続いていた。さすがは週末だけあって、いつもより混雑しているのかもしれない。

「間に人が入ってこないといいですねえ……」

とフジフミさんが言った。僕たちは同じ三席並びの窓側と通路側の座席を指定していた。間の席に人がいなければ我々だけで広く使えるだろうという魂胆だったのだが、このペースだと贅沢は言えなそうだ。

出国審査を抜けて制限エリアへ入った後もまだ時間が余っていたので、今度はフードコートでビールだけ頼んで時間をつぶすことにした。

「なんだか空港に飲みに来たみたいだなあ」

このときはまだそんな風に暢気に構えていたのだけれど——。

実は、とんでもない事態が待ち受けていたのだ。

事件は飛行機が上海に到着した直後に起こった。

深夜便だったし、酒の酔いもいい感じに回っていたから、僕は搭乗するなりストンと眠りに落ちた。それから一度も起きることはなく、フッと目が覚めたときにはもう上海だった。まるで瞬間移動したかのような不思議な心境で目を瞬(しばた)かせていると、通路側座席のフジフミさんに話しかけられた（結局、間の座席に誰も来なかった）。

ちょうど会話をし始めたときだった。桃色の制服を着た客室乗務員の女性が僕たちの横へやってきて、フジフミさんへ立つようにと促した。そのまま彼だけ機内前方へ連れて行かれてしまった。えっ……？　僕は状況が理解できず、ポカンとしながら見守ることしかできなかった。いったい、何が起こっているのだろうか。

そのとき飛行機はもう駐機場に停車しており、あとは降りるばかりという段になっていた。周りの乗客もみんな立ち上がって座席の上の物入れから荷物を取り出したりしている。フジフミさんは拉致(らち)されたままで一向に戻ってこない。

ここで、さらなる異常事態が発生した。

どういうわけか、いつまで経っても降機が始まらなかった。窓の外を見るとターミナルビルからの搭乗橋が既に飛行機に繋がっているようなのだが、通路に並んでいる乗客の列が一向に進まない。

——ナンダナンダ？　ドウシタドウシタ？

不審に思った乗客たちのそんな囁き声がそこかしこでする。

結局十五分ぐらいはそのまま待機させられただろうか。

ようやく列が動き始めたので、僕もその人波に続く。すると飛行機を降りたところで、フジフミさんが待っていた。妙に気まずそうな顔をしている彼を見て、どうもこの騒動の犯人は彼らしいという事実だけはまず理解できた。

「どうしたの？」

当然のように質問してみると、事の次第を説明してくれた。それを要約すると次のようになる。

フライト中、彼は気持ち悪くなった。僕は寝ていたので気がつかなかったが、飛行機がかなり揺れていたらしい。搭乗前に飲みすぎたせいもあるのだろう。トイレへ行こうかと思ったが、シートベルトサインが点灯していた。仕方なくシートポケットに入っていたエチケット袋を使用したのだそうだ。

これだけならそんな珍しい話ではないが、彼の不幸はまだ続く。フジフミさん曰く、その決定的瞬間を客室乗務員に見られてしまったことが最大の敗因だという。

「いま、お戻しになりましたよね？」

なんでそんなことを訊くのだろうかと訝りながらも、

「はい、戻しました」

と彼は正直に答えた。それを聞いた乗務員は憐憫の表情に変わったという。

「フライト中に生じた吐瀉物は検疫の対象になるんです」

というのが乗務員の説明だった。そうしてエチケット袋をそのまま別の袋に入れて取り上げられてしまった。用紙に名前や住所などを記入させられた。僕が同行者であることまで申告したと後で小声で教えてもらった。

もちろん、これは中国の独自ルールだ。ほかの国では聞いたことがない。

事前に連絡をしたのだろう。到着後に空港から検疫官が機内に乗り込んできて検査を行った。拉致されたフジフミさんは検疫官に根掘り葉掘り訊かれたという。まるで取り調べのようだが、そういう規則らしい。

以上が一連の出来事の顚末である。

「まあでも、無事に解放されて良かったね」

寝ていただけの同行者としては、そんな台詞で慰めるのがやっとだ。

ともあれ、無事に二人揃って中国へ入国を果たした。北京旅行から一ヶ月も経っていないせいか、新規の旅行ではなく前回の旅が再開したかのような手応えを感じた。いわば第二部のスタートである。

荷物をピックアップして到着ロビーに出る。早朝のターミナルは閑散としていたが、荷物を持って歩いていると白タクの客引きから声がかかる。

案内板の「地鉄」と書かれた方向へと歩を進めた。空港から上海市内までは、最高時速四百三十一キロという超高速を誇るリニアモーターカーも便利だが、朝が早すぎてまだ始発前のため地下鉄を利用することにした。

上海の浦東国際空港は第一と第二の二つのターミナルがあって、両ターミナルを結ぶ連絡通路のちょうど真ん中辺りに地下鉄駅が設置されている。

切符を買おうとしたところで、改札の前にレストランが数軒並んでいたのが目についた。LCCで機内食は出なかったから、お腹も減っている。地下鉄だと、市内まで結構時間がかかりそうだし――。

「朝ごはん食べて行こうか？」

という話になり、寄り道していくことにした。

幸いにもフジフミさんはケロッとしており、食欲も戻ったようでホッとした。実は密かに心配もしていたのだ。彼がいくぶんゲッソリとして見えたからだ。飛行機であんな一件があったばかりなので当然だが、どうも理由はそれだけではなく、最近ダイエットをしたせいもあるという。

「三ヶ月で十五キロも痩せたんですよ」

と聞いて僕は呆気にとられた。「激やせ」の部類に入るだろう。

痩せなければ——と思いつつもなかなか減量できないでいる意志の弱い人間としては素直に感心させられるのだが、一方で旅の先行きに若干の不安を抱き始めたのも正直なところだった。

この旅は「食べること」を最重要テーマに掲げている。いわば飽食ツアーなのに、ダイエット中の旅人を巻き込んでしまった。果たして大丈夫だろうか。なんだか悪いことをしたかなあ、と申し訳ない気持ちにもなる。

店は「康師傅(こうしふ)」という中国の超有名カップ麺メーカーが直営する外食チェーンだった。牛肉麺の専門店と、丼飯系の店の二軒が並んでいたが、朝食メニューが用意されていた後者に入った。店員が一人しかいないが、テキパキと働いておりワンオペでも見事に回っている。

お粥と豆乳と揚げパンという、これぞ中国の朝ごはんとでもいったラインナップが嬉しい。ちなみにお粥と揚げパンのセットと、豆乳と揚げパンのセット。セットメニュー二つという欲張りな頼み方をした。各々を単品で頼むよりもその方が安上がりだったからなのだが、さすがに揚げパン二つは多すぎた。朝からお腹がはち切れんばかりになってしまった。

空港を出た地下鉄はいきなり地下へは入らず、しばらく屋外を走行する。窓の外には、中国とは思えないほどの澄んだ青空が広がっていた。空いた車内でシートに座って、そのとびきり青い空にボーッと見惚（みほ）れているとやがて睡魔が襲ってきた。夜行便で到着して、朝ごはんを食べて満ぷくになったばかりだから、最高に眠い時間帯だ。

　こういうとき、同行者がいると心強い。一人旅だと気が張っているから、どんなに眠くても外国の地下鉄で居眠りするようなことは少なかったりする。

　睡魔には勝てなかった。ウトウトして――そのまま意識を失ってしまった。

　ハッと目が覚めたときには車窓の風景は真っ暗に変わっていた。列車は地下を走っているようだった。そうこうするうちに途中の駅で止まって、ほかの乗客が一斉にドッと列車

欲張りすぎた例。揚げパンと豆乳、あるいはお粥だけでも十分かも。

を降りてしまった。

「ここで終点みたいですね」

どうやら、向かいのホームに停まっていた列車に乗り換えなければならないようだ。このまま一本で行けると思い込んでいたので、すっかり出遅れてしまった。言葉が分からないので、周囲の状況から察するしかない。

空港から乗った地下鉄二号線は、街の中心である南京路や人民広場へ通じている。しかし、僕たちはそれらよりも手前、世紀大道という駅で降りた。この辺りは浦東と呼ばれ、改革開放政策以降に発展したエリアだ。

上海という街は、南北に流れる黄浦江でざっくり二分されている。歴史ある建物が並ぶ昔ながらの西岸エリアに対して、東岸の浦東ではオフィスビルや新興住宅街などが集まっている。

観光客の立場からすれば、身近なのはやはり西岸だろう。外灘や豫園といった主要な見どころはほぼすべてこちら側にある。僕自身、いつもは西岸のメインストリートである南京路周辺に泊まるのだが、今回はあえて浦東のホテルに予約を入れていた。たまたま、お得なホテルを見つけたからだ。

せっかくの二人旅なのだから、一人旅では泊まりにくい高級ホテルに泊まろうと僕たちは企んだ。外国のホテルは部屋単位での課金で、シングルもツインも同じ料金だったりする。ならばツインに泊まって折半にすれば、同じ予算でもよりいいホテルに泊まれるという発想である。

摩天楼がひしめく近未来的な風景が広がる浦東エリアで、僕たちが泊まったのは外資系の某有名ホテルチェーンだった。いちおう五つ星だが、ほかのホテルと比べてなぜか料金が妙に安く、四つ星並みの価格設定になっていた。

ちなみに一泊朝食付きで税込み千元ぐらい。一番安いスーペリアではなく、デラックスタイプのツインルームだ。これを二人で割るので、一人当たりは五百元ぐらいとなる。僕たちが調べた限りでは、同等クラスで朝食が付いてこの値段で泊まれるホテルはほかに見つからなかった。

上海のホテルを改めて調べる中で、ひとつ気になったことがあった。どのホテルも朝食付きのプランにすると料金がグッと跳ね上がるのだ。まったく同じランクの部屋で、朝食なしと朝食付きで三百〜四百元ぐらい（二人の場合）違ったりするから、疑問に感じた。

朝食が付いていないプランでも、朝食を別途付けた際の料金が記載されているのだが、これがべらぼうに高い。一人あたり二百元前後から、高いところでは三百元ぐらいもする。

朝食といってもどうせビュッフェである。いくらなんでも高すぎる。

「そうしたら、別に朝食は付けなくてもいいかもね」

などと二人で話していたら、たまたま今回泊まるホテルを見つけたのだ。一人五百元は日本円にして八千円程度である。朝食付きの五つ星ホテルとしては破格で、間違いなく掘り出し物と言えるだろう。

ただし、安いものには安いなりの理由が存在するのも世の常である。

「行ってみたら実はひどかった、なんてパターンもあるかもしれないなあ」

などと、内心身構えながらホテルに到着したのだが――。

結論から述べると、杞憂に終わった。むしろ逆の感想を抱いた。これが予想に反して大変素敵なホテルだったのだ。

客室の設備などハード面が充実しているのは当然として、加えてソフト面、すなわちスタッフの対応が素晴らしかった。

僕たちがホテルに到着したのは午前八時前のことだった。チェックインは通常は午後二時だけれど、あわよくば部屋に入れないかと内心期待しながら訪れたのも正直なところだ。アジアのホテルは良くも悪くもゆるいから、部屋さえ空いていれば時間前でも普通に案内してくれたりする。

いわゆる「アーリーチェックイン」が可能かどうかは、往路に深夜便を選んだ際には重要な問題となる。大げさかもしれないが、運命の分かれ目などと言ってもいいぐらいだ。早朝に着いてもお店はやっていないし、シャワーを浴びたり着替えたりして一息つきたい。

いつもそうしているが、今回も予約の際にアーリーチェックインのリクエストだけは入れておいた。言うのはタダである。無理なのは百も承知だし、部屋には入れればラッキー、ぐらいの心持ちでいたのだが、一方で勝算のようなものもあった。明確な根拠こそないものの、過去の旅の経験から今回は行けそうな気がしていた。

だから、対応してくれたレセプションの女性に、

「あいにく昨晩は満室でしたので……」

と断られたときはショックが大きかった。呆気なく玉砕——。

ただ、僕があからさまに落胆したせいだろうか。女性は申し訳なさそうな表情を浮かべ、フォローするように僕たちに問いかけてきた。

「この後のご予定はいかがですか？」

その質問が突破口を開くサインになった。

「いえ、とくには決めていないです」

僕はそう答え、さらに未練がましく言葉を続けた。

「部屋に入れるようなら、少し休もうかと話していたところですが……」

　すると女性はわずかに思案顔になり、デスクの上のＰＣを操作した。

「すでにチェックアウトされたお客様はいるのですが、清掃もしなければなりませんので……」

「(清掃は) どのぐらいかかるんですか?」

「……そうですね。一時間もあれば終わると思います」

　最後の言葉を引き出した時点で交渉は成立していた。一時間ぐらいなら余裕で待てる。女性の粋な計らいにより、部屋を用意してくれることになった。やっぱり言ってみるものだなあ。

　ただこれは後で聞いたのだが、僕がホテルの女性と交渉する一方で、そのやり取りを聞きながらもフジフミさんはすっかりあきらめていたのだそうだ。

「最初に断られた時点でオレはもうダメだと思いましたよ。あそこから食いついていくなんて、トモさんさすがだなあと」

　彼は純粋に褒めてくれているようだったが、改めてそう指摘されると、我ながらなんだか厚かましい感じもして気恥ずかしくなった。

　ホテルには一時間後に戻ってくることにして、それまで近所を散歩してみることにした。

　浦東は上海の中でも後年になって開発されたエリアで、街並みからは整った印象を受ける。

キッチリと区画整理されており、道路も比較的新しい。近代的な風景のほうが安心というつもりはないが、中国だからとヘンに身構えずに、ある種のイージーモードで旅ができるのは確かだろう。

とはいえ、油断は禁物である。

「さすがは上海、都会だなあ」

と目を輝かせていると、背後から不快としか言いようのない異音が聞こえてきてドキリとした。振り返ると、案の定オジサンが痰を吐いていた。そうはいっても、というわけだ。

「出て右に行くとマックとスタバがあります」

と女性が親切に教えてくれたのだが、行ってみるとその二店以外は見事にどこもオープン前だった。時計を見るとまだ午前八時すぎである。地下鉄の出口からは人がドッと外へ流れ出てきた。ちょうど通勤時間なのだろう。あ、でも今日は土曜だった。上海では休日出勤も多いのだろうか。

さらに歩いていくと、二十四時間営業のスーパーを見つけたので入ってみた。ほかにすることもないので、店内をくまなくチェックしてみる。単なるスーパーとはいえ、日本との違いを見比べるだけでも刺激的だ。

たとえば、食用油の容器が尋常ではないほど大きかったりして、さすがは炒め物大国だなあと感心させられたり。お酒のコーナーを覗くと、日本の「ほろよい」にそっくりのデザインの缶チューハイが売られていたり。「味千（あじせん）」という、元々は熊本のお店なのにいまでは中国の支店の方が有名になってしまったラーメン屋の生麺が売られていて、思わず買ってしまったり。

　スーパーの入口では、大きな蒸籠から湯気が立ち上っていた。見ると肉まんで、あまりに美味しそうだったので一つ買ってみた。ハフハフいいながら熱々のそれを道端で食べていると、例の中国在住の友人からウィーチャットでメッセージが届いていた。

「今日はいい天気です」

　確かに見上げると空はクリアブルーで、中国＝大気汚染という先入観を覆されるほどだ。

缶チューハイ売場。アレッ、どこかで見たことがあるような……？

住んでいる人がわざわざ褒めるぐらいだから、きっとこれは特別なのだろう。昨日まではどんよりしていたのだそうだ。まるで自分たちが晴れ男になったかのようで誇らしい気持ちになる。

その友人とは夕方頃に合流することになった。

「それまではどうしようか？」

フジフミさんと二人、作戦会議をする。上海で何を見て、何をするかなど具体的な予定は何も決めていなかった。「美味しいものを食べまくろう」という方向性だけは共有していたが、お互いほぼノープラン。

とはいえ、いざ旅が始まると自ずと次の行動プランが思い浮かんでくる。そのときどきの状況から現場判断で旅を組み立てていく方が案外上手くいく。

決め手となったのは、この日が特別いい天気だったことだ。また、僕たちが浦東エリアにいたことも判断材料になった。

どこか眺めのいい場所へ行ってみたいな――フト、思いついたのだ。

摩天楼がひしめく浦東エリアならではの楽しみ方と言えるかもしれない。付近には高さを競い合うようにして巨大なビルが林立しているが、それらの多くは上層階を展望台として開放している。この天気なら絶景が望めそうだ。

「どうせ上るなら一番高いところがいいよね」

ということで、僕たちが選んだのが「上海中心大厦」だった。二〇一七年に完工したばかりの最新スポットで、「上海タワー」の通称でも呼ばれている。

高さはなんと六百三十二メートル。東京スカイツリーが六百三十四メートルなのでほぼ同じだが、スカイツリーと違ってこちらはビルである。現時点では中国で最も高いビルであり、さらには全世界でもドバイのブルジュ・ハリファに次いで二位の高さを誇る。

外観も特徴的で、ねじれるようにして螺旋(らせん)状に上へと続いていくユニークな造形が目を引く。その存在感は浦東の超高層ビル群の中でも他を圧倒しており、遠目からでも目印になるほどだ。発展著しい中国の勢いを如実に感じられる、スケールのドデカい新名所と言っていいだろう。

ホテルへ戻ると部屋の清掃が完了していた。朝の九時にチェックインできるなんて本当にありがたいことだ。荷物を整理しつつ少しだけ部屋で休憩して、上海タワーへ向かうことにした。

ホテルを出ると、ちょうど客を降ろしたばかりのタクシーがいたので乗り込んだ。北京では一度も乗らなかったタクシーだが、同行者がいると気軽に利用できる。

タクシーのメーターは二十元から始まって、タワーに到着した時点で二十二元だった。つまり、ワンメーターではぎりぎり収まらない距離ということになる。歩くには遠いが、わざわざ地下鉄で移動するのも面倒という距離だとタクシーのありがたみは大きい。

チケット売場はタワーの麓（ふもと）に設けられていた。屋外にあるため、見上げるとタワーの雄姿が間近に拝めるのだが、あまりのド迫力で息を呑んだ。

世界一高いブルジュ・ハリファも訪れたことがあるが、あれは形としては三角で、もっと山っぽいというか、要塞（ようさい）のような形をしていた。上海タワーと言うだけあって、こちらの方がよりタワーらしさが感じられる。円筒形に近い形を維持したまま、真っ直ぐに天高く屹立（きつりつ）している。喩えるなら、『ドラゴンボール』に登場する「カリン塔」のようなイメージだ。

全面ガラス張りの外壁が鏡のように反射しており、周囲の雲など空模様を映してい

上海中心大厦。驚異的な高さに加え、SF世界に出てきそうな造形にも心惹かれた。

る。頭を水平近くまで倒し、ほぼ真上に視線を送る形になるから、やがて首が痛くなってきた。てっぺんは遥か上空に望める。これからあそこまで上るのかと思うと、にわかに興奮してきたのだった。

チケット売場には列ができていた。展望台への入場料は大人一人あたり百八十元（学生は百二十元、小児は九十元）もする。正直ちょっと高いなあと思ったが、調べてみると上海のほかの展望台もどこもだいたい同じ値段だった。まるで示し合わせたかのように百八十元で統一されているので、

「協定でも結んでいるんですかねえ」

などとフジフミさんと邪推してしまったほどだ。ホテルの朝食に続き、これもまた上海ならではの現象と言えるかもしれない。

エントランスはチケット売場からエスカレーターでいったん階下へ降りたところにあって、中へ入るとちょっとしたミュージアムのようなスペースになっていた。世界の高層建築を高さ順にランキング形式で紹介するコーナーのほか、現在はまだ建造予定の建物を含めて将来的にランキングがどうなるかを予想するコーナーなど、「高さ」にとことんフォーカスしたような展示が興味深い。

それらをサッと冷やかしながら先へ進むと、展望台へ上がるエレベーターに辿り着く。こ

のエレベーターもまた上海タワーが世界に誇るもののひとつだ。内部のディスプレイにスピードが表示されるのだが、秒速二十二メートルと出ていてぶったまげた。繰り返すが、秒速である。

上海タワーは高さでこそ世界一の座を譲ったものの、このエレベーターの速度に関しては堂々の世界一を誇るのだという。地上五百四十六メートルにある展望台までの所要時間は約五十三秒。乗っていると耳がキーンと痛くなった。まるで瞬間移動のようだ。

「安全性は大丈夫なのだろうか……」

僕のような小心者はついそんなことを気にしてしまうのだが、上海タワーのエレベーターは三菱電機が開発したものらしい。なんだなんだ、日本の技術だったのか。

展望台は百二十七階建ての上海タワーの百十八階と百十九階に位置し、「巓」と名付けられている。英語では「ＳＵＭＭＩＴ」、つまり山頂を意味する。なるほど、山頂とは言い得て妙だ。街で一番高い場所から下界を望む。数々の高層ビル群がミニチュア化して見える様は紛れもなく絶景と言っていいだろう。

すぐそばには、そのユニークな形から「栓抜きビル」などと呼ばれている上海環球金融中心が立っている。上海タワーができるまでは街一番の高さを誇ったこのビルさえも遥か下方だ。ほかにも街のランドマークとして知られるテレビ塔（東方明珠塔）なども遠くに小さく見える。

展望台は三百六十度のパノラマで、フロアをぐるりと回って好きな方角を楽しめるつくりになっている。とくに見応えがあるのは、黄浦江を挟んで街が二分されている様が一望できる角度だろう。近未来的な浦東と、外灘の歴史的な街並みの対比が絵になる。

それにしても天気がすこぶる良い。そのお陰で、眼を凝らすと歩行者やクルマなども豆粒のように視認できる。まるで神様にでもなったような気分だ。


タワーを降りて、自分たちもその豆粒の仲間入りをする。興奮のあまり写真を撮りまくったりしたせいか、展望台に長居してしまった。お腹がぐうと鳴る。時計を見ると、なんともうすぐ十四時ではないか。

急ぎお昼ご飯を食べねば、ということで僕たちが向かったのは「南翔饅頭店（なんしょうマントウてん）」だった。上海名物、小籠包で超有名な店だ。我ながらミーハーなチョイスだなあと自覚しつつも、外したくないなら王道から攻めるのは定石だ。

南翔饅頭店といえば、街一番の観光地「豫園」に本店を構える。一階がテイクアウトの店で、二階と三階がレストランになっている。僕も何度か食べに訪れたが、とにかく混雑していた印象が強い。外にまで長い行列ができていたりするから、並ぶのが苦手な人間にはハードルが高い店でもある。

グーグルマップで検索してみると、偶然にも上海タワーの近くに南翔饅頭店の支店があることが分かった。そこで今回は豫園の本店はパスして、この支店を目指すことにした。徒歩十分ぐらいの距離と表示されたので、しめしめと喜び勇んで歩いて行ったのだが――。

ここで予期せぬ事態が発生した。地図で示された建物には、それらしき店がなさそうなのだ。案内板のショップ一覧にも載っておらず、仕方ないのでインフォメーションで訊いてみるとどうやらこの建物ではないという。

この段に及んで僕はようやく気がついた。そう、地図のデータが間違っていたのだ。中国ではグーグルマップは使い物にならない。そのことは北京の旅で散々学習していたはずなのに、ついいつものクセで頼ってしまった。

改めて中国ローカルの百度地図を開き検索してみると、いまいる場所からさらに十分ぐらい歩いたところに南翔饅頭店があると表示された。

「最初から百度で調べれば良かったね」

と反省しつつ、僕たちは再びテクテク歩き始める。

お腹減った、お腹減った、お腹減った――口にこそ出さないが、頭の中で同じ台詞を繰り返す。僕もフジフミさんもほとんど無言になっていた。

そうして空腹を堪えながら、遂に目的地に到着したわけだが、ここでも試練が待ち構えていた。不幸は重なるものである。

なんと、またしてもお店がなかったのだ。

いやはやもう大ショックである。完全に打ちのめされてしまった。

ネットで検索してみると、個人ブログなどでここに南翔饅頭店があるという記述がちらほら見られた。ただ、最も新しいものでも半年前ぐらいに更新された記事のようだ。状況から想像するに、最近つぶれたばかりなのだと理解するのが妥当だった。

僕は激しく落胆した。もう十四時をすぎている。このままではランチ難民になりそうだ。かくなるうえは小籠包はあきらめて、何でもいいからすぐに食べられそうな店でお茶を濁そうか、などと妥協案が脳裏を過ぎり始めたが——踏みとどまったのは、フジフミさんが代案を出してくれたからだ。

「南京東路(なんきんとうろ)の支店に行ってみますか？　あそこなら去年来たときにも行ったので、場所も覚えてますし」

お腹が減りすぎて思考能力が失われていた僕は、この案に全面的に賛成し、フジフミさんに先導してもらうことにした。

南京東路は歩行者天国で、店のある場所まではタクシーだとかえって時間がかかる。そこで、地下鉄で移動することになった。陸家嘴駅から乗って、人民広場駅で降りる。乗車区間はわずかに二駅だが、人民広場駅は構内が広くてホームから地上までの移動にやたらと時間がかかる。

またこの駅は中国らしいマンモス駅だ。人の流れがあまりに激しいせいか、通路を区切って一方通行にしている。巨大な空間に出口もいっぱいあって、適当に歩いていると迷子になりそうだ。

南京東路の支店は、「上海市第一食品商店」というデパートの中に入っていた。その名の通り、食品関係の店が一堂に会し、食いしん坊にはたまらないスポットだ。ついでに見て回りたいが、まずはそれどころではない。

――またやっていなかったら立ち直れないかも。

ドキドキしながら中へ入った。エスカレーターを上がっていくと、想い焦がれた「南翔饅頭店」という文字が看板に躍っているのが見えた。ああ、良かった。三度目の正直。心底ホッとしたのだった。

店はキャッシュオン方式で、入口にレジが用意されていた。蟹入りと海老入りの小籠包と、干し貝柱や卵が入ったスープを注文する。飲み物はもちろんビールだ。

席に着いてほとんど待つこともなく料理が運ばれてきた。中国式のこのクイックさが空腹のいまは殊更ありがたい。蒸籠からめらめらと湯気が立ち上っている。出来たてホカホカ。いや、アツアツと表現した方がいいだろうか。綺麗に包まれた小籠包の皮の中にスープがたぷたぷしている。

一口でパクッと食べたいところだが、そんなことをしたら熱すぎて火傷してしまうから、作法に則ってまずは切り口をつけて中のスープを啜ってみる。蟹や海老の旨味がたっぷりで、濃厚な味わいが口の中に広がった刹那、自然と頬がゆるんだ。

う、ううう、うううう……ウマい！

思わず、唸ってしまった。お腹が減っているせいで、何を食べても美味しく頂けそうな現状をさっ引いても、この世のものとは思えないほどウマい。天にも昇りそうな幸福感に

想い焦がれた南翔饅頭店。血走った目で入店して小籠包を注文する。

包まれた。

　蟹入りも海老入りも八個入りで二十五元だった。南翔饅頭店は六本木ヒルズに支店があるが、日本だとこんな安値では食べられない。

「自分は鼎泰豊(ディンタイフォン)よりこっちの方が好きですね」

　とフジフミさんが呟いた。実は自分もまったく同じことを考えていた。

　小籠包といえば、台湾の鼎泰豊を推(お)す声もきっと多いはずだ。どちらも超が付くほどウマいが、好みは分かれるところだろう。ある意味、大陸と台湾との対比に置き換えることもできる。鼎泰豊の方が皮が薄く、そのせいか見た目から上品さが漂う。対して南翔饅頭店は皮が厚めで無骨な印象も受ける。豫園の本店ではテイクアウトも可能なぐらいで、これぞ小吃とでもいった気軽さにも惹かれるものがある。

　あくまでも個人的な感想にすぎないが、より食べ甲斐があるのは南翔饅頭店の方かなと思う。鼎泰豊では小籠包以外のメニュー――とくに炒飯は絶品だ――も食べたくなるのだが、南翔では小籠包だけでもご馳走感があって十分に満たされる。初めて海外で食べた小籠包が豫園の南翔饅頭店だった、という我が原体験も影響しているかもしれないが。

　店内には空席が目立った。お昼時は過ぎているとはいえ、本店の行列ぶりからは考えられないレベルの空きっぷりだなあと感じた。その割には南京東路沿いと立地も抜群にいい。これはもう穴場と言っていいだろう。次回からは真っ先にココに来るようにしようと心に決めた。

一度火が付いた食欲は留まるところを知らない。

南翔饅頭店を出た足でそのまま二軒目の食事処へ向かったのは、食べ足りない気持ちが強かったからだ。耐え忍んでようやくありつけた食事だったがゆえに、その反動も大きかった。

次に向かったのもまた小籠包の店である。といっても、今度は蒸したものではなく、焼いた小籠包。こちらでは「生煎（シエンジエン）」という名で呼ばれている。

いったん駅まで戻って地下鉄で一駅だけ移動する。南京西路（なんきんせいろ）駅で降りると駅に直結する建物の中にお目当ての「小楊生煎館（しょうようせいせんかん）」があった。店名に入っている通り、生煎の専門店。上海で多店舗展開するチェーンの支店である。

老舗の風格が漂う南翔饅頭店とはガラリと変わって、こちらは現代的な内装の店だ。壁にはアルファベットがあしらいとして描かれ、フォトフレームが飾られている。マクドナルドのような雰囲気にも近い。

ここもキャッシュオン方式で、先に注文と会計を済ませてから席に着く。十五時半頃と、食事をするには微妙な時間帯にもかかわらず、レジの前には行列までできていた。どうやら人気店のようだ。

生煎は中身の具の種類が選べる。オーソドックスな肉入りのほか、少し高級な海老入り、さらには野菜入りと三種類が用意されている。

どれにしようか迷ったが、これら三種類がそれぞれ二つずつ、計六つでセットになったメニューがあったのでそれを選んだ。二人でシェアすれば、全種類を一つずつ制覇できるのでちょうどいい。値段は十九元。また、カレー味の牛肉入りスープが有名だというのでそれも追加する。こちらは十元だった。

出てきた生煎を目の前にして、まず僕は声を上げた。

「デカッ！」

普通の小籠包よりも大きいのだ。ゴロンと丸い形をしており、ネギやゴマが振りかけら

小籠包の店をはしごしてみる。食い倒れの旅らしくなってきた。

れている。

端から順に食べてみる。美味しい……でも、想像したのと違った。

「なんだか、やたらとクリーミーだなあ」

率直な感想が口をついて出た。普通の蒸した小籠包がスープだとしたら、こちらはシチューのような食感と味わいなのだ。焼き餃子ではなく、あくまでも焼き小籠包なのだと考えれば納得のシチューっぽさではある。

さらにいえばボリューミーな食べ物だなあとも思った。皮は厚めでしっかり焼いてあるから、それだけでも結構お腹にたまるのだが、一方で具もぎっしり詰まっている。

クリーミー&ボリューミーなのである。三つも食べたらお腹がはち切れそうになった。スープは頼まなくても良かったかもしれない。


ヘンな時間に食べ歩きをしてしまったが、気がついたらもう夕暮れである。重たくなった体を引きずるようにして雑踏へ繰り出す。腹ごなしを兼ねて街をブラブラ歩きつつ、僕たちは外灘へと歩を進めた。せっかく上海まで来たのだから、名物の夜景を久々に拝みたい。

ネットで調べると、この日の上海の日没は午後五時三分となっていた。

「えっ、そんなに早いのか!」

といまさらながらに驚いた。ちょっとのんびりし過ぎたかもしれない。

僕たちは先を急ぐことにした。太陽が沈み、空がじわりじわりと闇に染められていくわずかな時間――俗にマジックアワーと呼ばれるタイミングに立ち会いたかったからだ。

夜の部の始まりを目前に控え、賑わいを増し始めた南京東路を足早に東へ進む。気になるショップなども見かけたが、寄り道は一切せずに川岸目がけてずんずん突き進む。なんとかギリギリ日没直前に辿り着けたのだが、少し雲が出てきたせいか、あいにく夕陽はほとんど見られなかった。

うーむ残念。仕方がないので、夜景観賞を楽しもうとベストスポットを探す。川を挟んで対岸に望める浦東の高層ビル群がやがてライトアップするはずだ。

三脚までは持って来なかったが、ちょうどいい具合に上部が平らな形をした手すりがあって、カメラを固定できるようになっている。ぶれずに夜景撮影ができるのはありがたい。少しずつ人も増えてきたので、最前列をキープして明かりが灯るのを待つことにした。

ところが、ここからが長かった。待てども待てどもなかなか点灯しないのだ。

「今日はライトアップ自体、お休みだったりして」

冗談交じりにそんなことを話していたが、さすがに休みということはないだろう。どうやら早く来すぎてしまったようだ。

背後を振り返ると、新世界大丸という百貨店の外壁に設置されたオーロラビジョンがなぜかＷｉｎｄｏｗｓのデスクトップ画面になっていた。ＰＣで映像を流していたはずが、何かのきっかけで停止してしまったのだろう。それ自体は珍しくない失敗だが、画面サイズがめちゃくちゃ大きいので異様に目立つ。

「あちゃあ、間抜けだなあ」

なかなか始まらないライトアップに業を煮やし始めていたから、他人事（ひとごと）なのをいいことに好き勝手な発言をする。まあ、それぐらい暇だったというわけだ。

おまけに、やたらと寒い。風がビュービュー吹いており、川沿いで遮るものがないせいか余計に寒さが応える。すでに日も落ちたし、これから益々気温が下がっていくに違いない。

南京東路を外灘方向へ進んでいくと、対岸のビル群が見えてくる。

結局、三十分以上はその場で待機していただろうか。それでも依然としてライトは点灯しない。さすがにいい加減キツくなってきて、僕たちはいったん退散することにした。

土手から降りて、南京東路へと続く横断歩道で信号が青に変わるのを待つ。

「メイソウにでも行ってみようか」

などと話していたときだった。フッと後方に視線を送ると、先ほど上ってきた上海タワーが遂に点灯した。いままさに立ち去ろうとした瞬間だったから、狙い澄ましたかのようなタイミングに苦笑する。

信号が青になったが、僕たちは道路は渡らずに踵(きびす)を返した。これはもう、とことん付き合うしかないな、と腹をくくったのだ。

再び土手へ上がり、寒さに震えながら手すりの前に立つ。そうこうするうちに、今度はテレビ塔にも明かりが灯った。ピンクやブルーなど七色に変化しながら、点滅したり左右に光が流れるなど演出が凝っている。

このテレビ塔も浦東の中では最早古株だ。周囲に新しい煌(きら)びやかなビルがたくさん建って、高さでも追い抜かれまくっている。しかし、まるで宇宙船のような球体形の建造物は際立って存在感がある。いまでもランドマークにふさわしい輝きを放っているように見えた。

それからも次々と時間差でビルが点灯していったが、全部のビルに光が灯るまでにはかなり長い時間を要した。

「なかなか全力を出してくれないねえ」

恨みがましい気持ちでことの推移を見守った。

これは今回に限ったことではないが、旅先でいい写真が撮れるかどうかは、腕よりもむしろ根気の問題だったりする。最良のシャッターチャンスを狙おうとすると、待つ時間も長くなる。とくに冬場に夜景を撮るのは大変だ。

ようやく目の前のビル群のすべてがライトアップし、こちらも本気で撮影モードに移行すると、今度は別の課題に見舞われた。川を行き交う船の船体がちょうど夜景を隠すような格好になってしまうのだ。

船が途切れた隙を見計らってシャッターを押すしかない。けれど、そういうタイミングに限って点滅するビルのライトが消えていたりするからガッカリしてしまう。いやはや、なかなか難しいのだ。

厳しい寒さはシンドいけれど、それでも最高の一枚を撮りたいと思わせるほどの美しい光景が目の前に広がっていた。世界じゅうで夜景を見てきたが、上海のこの眺めは個人的にはベストスリーに入るほどお気に入りだ。何度目にしても飽きないというか。来る度に違った感動が得られるというか。溢れる旅情に刺激されるというか。自分にとっては極上のビュースポットである。

カメラのファインダー越しに見ると、没入感もさらに大きなものになる。すっかり引き込まれてしまい、時間を忘れて撮影に没頭していると上海在住の友人からメッセージが入った。

「遅くなってすみません。そろそろ合流できそうです」

みんなで食事をする予定だったのだ。いい頃合いなので夜景観賞を切り上げることにした。名残惜しいが、上海ならばきっとまた来る機会があるはずだ。

川向こうの浦東のビル群にばかり気を取られていたが、いつの間にか背後の外灘の近代建築群も光り輝いていた。オレンジ色に統一されたシックな装いのライトアップが、未来的な浦東の夜景とは対照的だ。

ああ美しいなあ……ウットリしながら南京東路へ戻ってくると、あれからだいぶ時間が経ったにもかかわらず、百貨店の外壁の例の大きな画面がＷｉｎｄｏｗｓのデスクトップ画面のまま直っていなくて、ずっこけそうになった。

日没前と比べると目に見えて増えた人波を掻き分けながら、南京東路を西へと進んだ。色とりどりのネオンサインがあちこちでちかちか点滅を繰り返している。まるで光の洪水のようで目を瞬かせた。

待ち合わせ場所に指定された「永安百貨」の前には友人の姿が見えなかった。ウィーチャットで到着を報せ、しばし待つ――そのときだった。

「チンチンマッサージ？」

えっ？　突然話しかけられた。何の前触れもなく、そう一言。日本語、いやニホンゴで。振り返ると、ニヤケ顔の男が立っていた。見るからに怪しい。というより、そのものズバリの勧誘である。

さて、どうやって追い払おうかと思案していると、前方から知った顔が現れた。上海在住の友人、スナガッチの登場である。会うのは数年ぶりだろうか。握手を交わしつつ、やあやあ久しぶりだねえ、と再会を喜び合っていると、いつの間にかニヤケ男はどこかへいなくなっていたのだった。

「なんかヘンなのに勧誘されてたところで……」

僕たちがいまの出来事をかいつまんで説明すると、

「あれ、まだいるんですね。この前の党大会のときにそういう系の店は一斉に閉まったって聞きましたけど」

スナガッチはいかにも在住者らしい情報を教えてくれた。そういえば前回の北京ではその党大会の真っ最中で厳重な警戒態勢だったことを思い出す。

「この辺はボッタクリの店ばかりなので」

という彼の言に従い、タクシーで移動することにした。店選びなどは完全におまかせだが、上海蟹が食べたいとだけリクエストしていた。

北京でも真っ先に北京ダックを狙ったのと同じ発想である。ベタかもしれないが、上海で食べたいものの筆頭候補といえばやはり上海蟹になる。幸いにも、秋から冬にかけてのこの時期は上海蟹のベストシーズンなのだというから、これは是が非でも食べねばと、彼にワガママを言ってみたわけだ。

そうして連れてきてくれたのは、「宝燕壹号」という店だった。店名で検索しても日本語の情報がほぼヒットしない。つまり観光客向けではなく、地元民御用達のレストランというわけだ。こういう店は自分たちだけではなかなか行けないから、ありがたみは大きい。

店へ入ってすぐの空間には料理の写真がパネルになって並んでおり、その横で魚やイカなどが氷の上に陳列されていた。なるほど、客はこれらを見ながら何を注文するかを決めていく仕組みのようだ。

「好きなものを頼んで下さいね」

と、スナガッチが気を遣ってくれたので、ご厚意に甘えて僕とフジフミさんで食べたいものをピックアップすることになった。まずはお目当ての上海蟹を探す。店の女性が横についいてくれたので、スマホの画面に「大間蟹」と書いたものを見せた。中国では上海蟹のことをこう呼ぶ。「上海蟹」と見せても通じないのだ。

すると女性は理解したのか、蟹の場所へ僕たちを案内してくれた。

「おおっ、ありましたね！」

紐で十字に縛られた蟹がズラリ並んでいるのを見て、フジフミさんが目を輝かせた。

「結構小さいよね」と、僕は率直な感想を漏らす。でも、そうだった。上海蟹はサイズ的に手の平くらいで案外小さな蟹なのだ。

女性に値段を訊いてみると、

「エイティエイト」

と英語で答えてくれた。エイティエイト、つまり八十八元ということか。意外とお高いんだなあと思ったが、相場を知らないので了承して三つ頼んだ。とりあえず一人一匹ずつ。足りなければ後で追加してもいい。

上海蟹のほかにもいくつか料理を頼んで席についた。店内は一風変わったつくりになっており、大部屋がいくつも並んでいる。僕たちの隣の部屋では宴会を行っているようだった。結婚式の二次会などをするのに良さそうな店だ。

飲み物は当然のようにビールである。青島ビールの「純生」が大瓶で出てきた。

乾杯――こちらの発音では「カンペイ」と言うらしい。

ウェイターがやって来て何かを言った。スナガッチが対応してくれたのだが、どうやら注文内容の確認のようだった。

「上海蟹は一匹あたり九十八元だそうですが、いいですか？」

「あれ、さっきの女性から八十八元って聞いたけど」

自信満々で「エイティエイト」と言っていた彼女の顔が思い浮かんだが、スナガッチ曰く、

「たぶん、英語を間違えて覚えてるんでしょうね」とのこと。

「こっちの人、英語はぜんぜん話せないですから」

と言われ、まあそうだろうなと納得する。

「上海の言葉って北京語とまったく違うんですよね。北京語もみんな学びますけど普段は使わないですよ。都会人が田舎者を見下すような感じというか」

なるほど、と頷く。まさにこういう話が聞きたかったので嬉しくなった。彼はこちらに来てもう三年も経つのだという。住んでみると、旅行しただけでは気がつかない微妙な文化の違いなどにも敏感になるのだろう。

会話が盛り上がっているうちに、次々と料理が運ばれてきた。メインの蟹は一番最後に来るという。野菜や肉、海鮮などさまざまだが、大人数だと色々食べられることが心底嬉しい。

中でもとくに美味しかったものが二つある。

まず、「水晶蝦仁」。蝦仁とは小海老のことを指す。殻を剝いた小海老を炒めただけのシンプルな料理で、上海では定番のひとつだ。海老の白い身が透き通って見えることから「水晶」と付いているのだそうだ。アッサリとした塩味で、ビールのつまみにちょうどいい。

小海老は全体的にとろみがかっており、お箸でつまもうとしたらツルッと滑ってしまうこともあるが、それもご愛敬だ。中国のお箸がやたらと長くて持ちにくいせいもある。落とさないように慎重につまんで口へ運ぶ動作自体に不思議と異国情緒のようなものを感じたりもした。

次に、「紅焼肉」。これまた上海料理の代表選手だが、これは日本にもある料理だ。豚の角煮である。醬油ベースの甘辛いソースがかかっており、やはりまたビールが進む。日本のものとは違う点としては、肉に皮が付いている。ゼラチン質の豚の皮はコラーゲンたっぷりで、ぷるぷるした食感がたまらない。

この店では素焼きの壺のような容器にたんまり詰まった状態で紅焼肉が出てきた。前に上海のほかの店で食べたときにも似たような容器に入っていたから、別にイレギュラーな盛り付け方ではないのかもしれない。肉以外にはゆで卵を半分に切ったものが交じっていたが、これは日本式の角煮でも同様か。

本命の上海蟹がやってきたのは、ビールのお代わりが三本目に突入した頃だった。宴もたけなわとなってからの登場に一同から小さな拍手が起こる。

注文時には灰色をしていた蟹の甲羅が、蒸し上がって美しい赤色に様変わりしていた。燃える炎のような力強い赤色具合からは、熱々な様が伝わってくる。一匹ずつは小ぶりだが、手に持ってみると見た目の割には重量感もある。

いざ実食！　といきたいところだが、すぐには手をつけられなかった。またしても北京ダックのときと同じ壁にぶつかった。蟹は食べるのにコツがいる。

そう、どうやって食べるのが正しい作法なのか分からなかったのだ。

紅焼肉はボリューム満点。蟹が来る前にお腹いっぱいになりそうだ。

こういうときに頼りになるのは在住者だ。スナガッチがお手本を見せてくれることになった。

「まず脚をとります。続いてハサミもとっちゃいます。胴体だけになったら、裏返しにしてこの三角部分をとります」

彼はつい最近も食べたばかりだそうで、慣れた手つきで蟹を解体していくので感心させられた。

教えられた通りに蟹を捌(さば)いていき、まずは甲羅にたっぷり詰まっていた蟹味噌をいただく——やべっウマい。自分の中での蟹観が変わるほどの濃厚さに舌がとろけそうになった。この味噌こそが上海蟹の最も美味しい部分だという。

続いて胴体や脚から身をほぐしていく。お好みで小籠包などでも出てくる黒酢で味付けして食べる。ただし、サイズが小ぶりだから身そのものはわずかしかない。この点、ズワイガニやタラバガニなどとは決定的に違う。味噌のインパクトに比べれば、身はそれほど特徴のない味という感想だ。

小さいけれど殻自体は硬いから、素手でこじ開けていく作業は力も根気も求められる。真剣に蟹と対峙していると、やがて口数が減ってくる。テーブルの上には大きめのウェットティッシュが置かれていた。なるほど、手がべとべとになるからこういうものを用意しているのだろう。

「蟹切りばさみがあるといいですね」

フジフミさんがボソッと指摘した。店には蟹切りばさみも蟹の身をかき出すフォークも用意されていない。場合によっては日本から持参するのもアリかもしれない。

お会計をしたら六百五十三元だった。たっぷり飲み食いして蟹まで頼んでこの値段なら文句はない。

支払うのにお金を出すときに、スナガッチと中国のスマホ決済の話になった。中国人が財布を持たなくなったという話は本当のようで、彼自身もウィーチャットペイを日頃から活用しているという。

いい機会だったので、彼に一つお願いをしてみることにした。

「いまこの場で現金で中国元を渡すので、その分を自分のアカウントに送金してもらえないかな？」

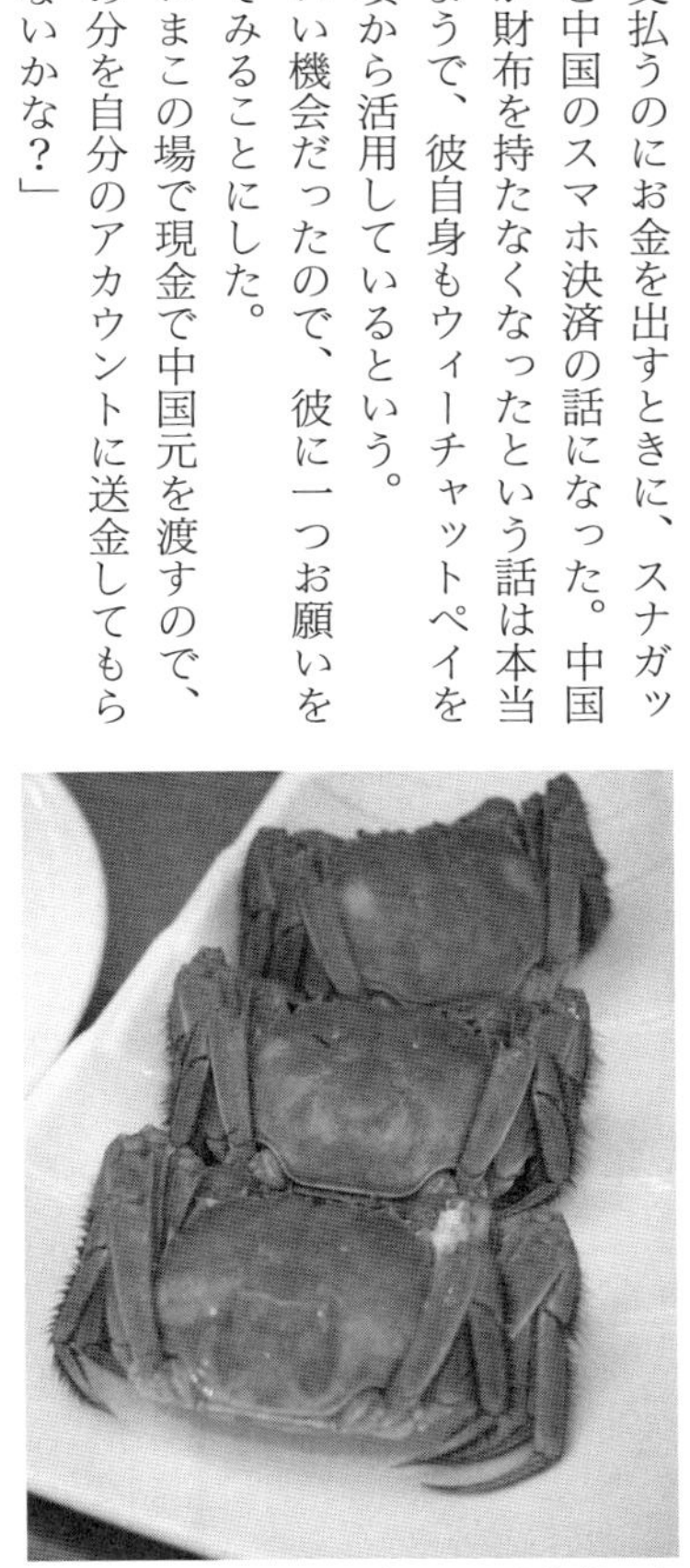

上海へ来たならやはり食べたい上海蟹。高級食材の貫禄が漂う。

外国人であってもウィーチャットペイが利用できることは前述したが、ネックとなるのがお金をチャージする手段がないことだ。基本的にはアカウントに紐付けられた中国国内の銀行口座から引き落とされる仕組みである。口座まで開設するとなると、旅行者にはハードルが高い。

解決策として、現時点では主に二つの方法がある。

一つは「ポケットチェンジ」を利用するやり方。外貨を両替して各種電子マネーへ変換できる日本のサービスで、ウィーチャットペイにも対応している。現状では新宿の歌舞伎町のほか、羽田空港の国際線ターミナル到着階などに専用端末が設置されている。

僕も出発前に羽田でお試しにチャージしてきたが、これは本来は海外旅行で余った現地通貨の小銭を再利用するためのサービスである。手数料が十数パーセントも取られるから損も大きく、純粋に日本円からウィーチャットペイにチャージする使い方には向いていない。

そこで、もう一つの方法を駆使することになる。中国人や中国在住の人に頼んで送金してもらう。スナガッチにお願いしたのは、つまりはこういうことだ。彼が快諾してくれたので、三百元を現金で渡して送金してもらった。

食後は河岸を変えてもう一杯飲もうということになり、タクシーで浦東へ移動した。昼間上った上海タワーからもほど近い、「金茂大厦」というこれまた超高層のビルの高層階に入っているグランドハイアットのバーへ向かった。

八十八階建てのビルの八十七階にある「クラウド9」というところで、上海の夜景を一望にできるいわば天空のバーである。スナガッチも来たことがないというし、飲みがてら観光もできて良さそうだなあと思ったのだが――。

なんと門前払い。いや、その表現は不正確か。ホテルの宿泊客以外は、最低でも六百元以上は利用しなければならないと言われ、退散したのだ。

六百元は一万円以上にもなる。いくらなんでも高すぎる。軽く一杯飲むぐらいのつもりでいたから、あきらめて五十三階にある別のバーへ向かった。こちらは最低料金がどうとか世知辛いことは言われなかった。

気心の知れた仲間たちと異国の地で酒を酌み交わす。旅行中のしあわせな一コマのひとつだ。酔いが回ってくると、積もる話にどんどん花が咲いていく。

こうしてスナガッチと旅先で飲むのは、たぶん二回目だろうか。

元を糺せば彼は僕の本の読者だった（ついでに言えばフジフミさんもそうだ）。

拙著の出版記念トークイベントに来ていた彼と話をしていて、お互い同じ時期にマダガスカルへ行く予定でいることが判明し、意気投合した。しかも偶然にも飛行機の便まで一緒だったく同じだったので、現地でも合流して一緒にバオバブの木を観に行ったりした。

それからは日本でも花見などで何度か会っていたが、スナガッチが会社の転勤で上海へ引っ越してしまったので、以来すっかりご無沙汰していた。

久しぶりに会って驚いたのは、彼が中国語がかなりペラペラになっていたことだ。こちらに来て中国人の彼女ができたのだと聞いて腑に落ちるものがあった。外国人との恋愛は語学の上達の近道だというし。

「本当は今日も連れてきたかったんですけど、体調を崩してしまって……」

スナガッチは残念そうに言った。最初は昼間から合流して一緒に遊ぶ計画もあったのだが、彼女が病院へ行くのに付き添うために夜だけ会うことになったのだ。

「でも中国の病院はやばいですよ。番号札取ったら千二百番ぐらいで、八百人待ちでしたから。おかげで丸一日潰れてしまいました」

彼はそうサラリと言ってのけたが、八百人待ちって……。さすがは中国、スケールが大きいというか、色々とぶっ飛んでいる。

ともあれ、要するにスナガッチは病気の彼女を置いたまま会いに来てくれたわけだ。そういうことなら、早く帰ってあげた方がいい。バーで一杯飲んだらそのまま解散することになった。

タクシーに分乗して、お互い逆方向へ帰路につく。

「明日も連絡を取り合って、タイミングが合えばまたご一緒しましょう」

と話したが、結局次の日はスナガッチとは会えず終(じま)いとなった。

(六) ブラックな臭豆腐の地へ

歳を取るにつれて、自分の中での「いいホテル」の基準が変わってきた。最近とくに気になるのは、ゆっくり眠れるかどうかだ。つまり、ベッドの寝心地である。

この点、上海で泊まったホテルは合格だった。夜行便で早朝に到着してそのまま遊び回ったせいか、昨晩は部屋に帰ってくるなり倒れるようにして眠りに落ちた。ふかふかのベッドでぐっすり眠ったら一気に疲れが吹き飛んだのだった。

さて、旅も二日目に突入である。

上海のホテルは全般的に朝食がやたらと高額であることは前述した。

「きっとかなり豪華な朝ごはんが食べられるんだよ」

とフジフミさんと予想しながら期待して食べに行くと、本当にめちゃくちゃ豪華で圧倒された。

なんといっても種類がとにかく多い。この手のビュッフェでは、とりあえず一通りトライしてみるようにしているが、とてもじゃないが制覇はできそうにない。よくある卵料理を作ってくれるブースでは、目玉焼きやオムレツなどの定番に加えてエッグ・ベネディクトまでメニューに用意されていて歓喜した。

とはいえ、そこは中国である。少なからず突っ込みどころも用意されていた。たとえば日本食のコーナーもあって、「すき焼き」と書かれていたので蓋を開けてみると、中身はなぜかすき焼きではなくうどんだったり。

中国人客のビュッフェの食べ方も実に興味深い。絶対そんなに食べきれないだろうというようなものすごい量の食べ物を、お皿にドカッと盛っている。そうして、そういうお皿をテーブルの上に何皿も置いて一家全員で分け合って食べている。もちろん、盛大に食べ残して去っていく。なんともアグレッシブだなあと呆気に取られる。

彼らを見習ったわけではないが、自分の胃袋のキャパシティを超えるほど食べまくったら体がドーンと重くなった。朝から食べ過ぎだ。

いったん部屋に戻って小休止をする。この日の夜にはもう上海を後にする。フジフミさんは日本へ帰り、僕は中国国内の別の街へ移動する予定だ。

チェックアウトを済ませ、荷物を預けることにする。クロークの男性にこの後の予定を訊ねられた。夜の便に乗ると告げると、タクシーを手配してくれるというのでお願いすることにした。

「空港はターミナル一と二、どちらですか？」

と質問されたが、どちらなのか咄嗟に出てこない。そうか、浦東空港にはターミナルが二つあるのだった。僕が首を傾げていると、飛行機の便名を教えて欲しいとのこと。すぐに調べてくれ、ターミナル一なのだと判明した。

重ね重ね、細かい気配りに感謝である。チェックインのときの対応も素晴らしかったし、本当に何一つ不満のない素晴らしいホテルだった。名前は……「I」とイニシャルだけ書いておこう。

「中国のホテルのイメージが変わったかも」

僕が褒めちぎっていると、フジフミさんも同意してくれた。

「本当ですね。俺もさっそくレビューに書いておきます」

浦東エリアに泊まったのは初めてだったが、案外便利かもしれないなあという感想も持った。河の対岸とはいえ地下鉄に乗れば南京路などへもすぐに出られるし、今回のように短い滞在ならば空港との行き来がしやすい利点もある。

荷物を預けた足でそのままホテルを出発し駅へ向かう。

昨日からずっと気になっていたのだが、歩道の脇には夥しい数の自転車が設置されている。オレンジ色のものや黄色のものなど、いくつか種類があるが、同じ色の自転車はだいたいデザインも全部同じで、同じロゴが付いている。そういえば北京の街中でもまったく同じ光景が見られた。

　これは何かというと、シェア自転車だ。ウィーチャットペイによるスマホ決済と並んで、中国人のライフスタイルを大きく変えた存在として近年話題を集めている。

　利用する際にはこれもまたスマホを使う。自転車のサドルの下にQRコードが表示されており、アプリでそれを読み取ってオンラインで認証することでロックが解除される。料金は一回あたり一元など格安で、気軽にチョイ乗りができるとあって中国で爆発的に普及した。

　レンタル自転車のようなサービスは日本にもあるが、中国のシェア自転車の利便性には遠く及ばない。何がすごいかというと、乗り捨てが可能であり、しかも場所の制限が実質

歩道にシェア自転車がぎっしり。イマドキの中国を象徴する光景だ。

的に存在しない点がずば抜けていると感じる。どこで借りてもいいし、どこで返却してもいい。本当に街中の至るところにシェア自転車が置かれているから、知らない人が見たらきっとビックリするだろう。

便利なものが登場すると一気に飛びつくのは国民性なのだろう。街に自転車があふれ、風景が一変してしまった。あまりにも急速に普及したため、さまざまな問題も顕在化していると聞く。台数が増えすぎて過当競争が進み、淘汰された会社もあるという。

場所によってはシェア自転車がずらりと横倒しになっており、自転車の上に自転車が積まれていたりもする。まるで廃棄場のような光景にギョッとさせられた。

自転車以外にも似たようなサービスが増えているそうで、たとえば地下鉄駅ではシェア傘のコーナーも目にした。同じようにアプリで貸し借りを行うのだという。よくぞ考えたものだなあと感心させられる。急な雨で傘を持っていないときに重宝するだろう。東京にもぜひ導入して欲しい。

北京、上海と旅してきて、実は自分の中の中国観が変わりつつあった。

「中国って、実は結構すごくない？」

単純にそんなことを思い始めていた。

これは少なくとも僕の中では大発見だった。別に上から目線で見ていたわけではないが、心のどこかで「中国クオリティ」をあなどる気持ちもあったからだ。

商品はニセモノだらけだし、安かろう悪かろうで買ってもすぐ壊れる。食べ物さえもが偽装されていたりするから油断ならない、などなど。負のイメージがどうしても付きまとっていた。たぶん僕に限らず多くの日本人が、似たような感情を抱いているような気もする。

だから久々に訪れた中国で、僕は衝撃を受けたのだった。スマホ決済やシェア自転車のような革新的なサービスは日本にもまだ普及していない。少なくともこの分野では中国のほうが進んでいるのは事実だ。

いつの間にかシャープも東芝の子会社も海外の企業に買われてしまった。うかうかしているうちに日本はどんどん追い抜かれていく。そうして気がついたときにはもう追いつけなくなっているのではないかという危機感さえ抱く。

ハイテク製品の花形とも言えるスマートフォンの分野でも、中国メーカーの躍進が際立っている。この数年で日本でもＨＵＡＷＥＩの名前を見かけることが増えた。東南アジアのタイやマレーシアあたりへ行くと、ＯＰＰＯ（オッポ）やｖｉｖｏ（ヴィヴォ）といった中国メーカーの広告が街中に溢れていたりもする。

上海二日目は、フジフミさんのたっての希望でＸＩＡＯＭＩ（シャオミ）のお店へ行くことにした。漢字では「小米」と書く。これまた中国ではトップシェアを誇るスマホ・メーカーのひとつで、その公式ストアが上海にあるのだという。

なんだか楽しそうな予感がしたので、フジフミさんに便乗して僕も付いていったのだが、これがもうめちゃくちゃおもしろくてアドレナリンが出まくりだった。

小米の直営店は人民広場からもそれほど遠くないショッピングモール「上海大悦城」の中に入っていた。その名も「Ｍｉ Ｓｔｏｒｅ（小米之家）」という。

到着してまず思ったのが、「アップルストアにそっくりだなあ」ということ。

全体的にシンプル＆スタイリッシュなつくりで、商品のパッケージなども白を基調とした、どこかで見たことのありそうなデザインで統一されている。

「おおっ、なんだか洒落てるんだなあ」

予想していたのと違ったので早くもカルチャーショックを受けた。

先達による成功事例にあやかるのは最早中国のお家芸なわけだが、小米の場合には単なる模倣ではなく、オリジナリティのようなものもそれなりに見受けられる。店内にはスマホのほかにも、炊飯器やテレビなどの家電も置いてあった。ＰＭ二・五の濃度測定器などという、中国ならではの逸品も目を引いた。

ダイエット中のフジフミさんはここぞとばかりに体重計を買っていた。

「どうせもう帰るだけなので……」

とのことだが、運ぶのは大変そうだなあ。でも、確かにスッキリしていて、インテリアとしても映えそうなデザインだ。

電化製品とは全然関係なさそうなものとしては、スーツケースなども売られていて、これもどこかで見たことのあるデザインだった。ともあれ、売れそうなものは何でも取り扱うという開き直った姿勢は好感が持てる。

せっかく来たので、自分も記念に何か買ってみようかと店内を物色する。モバイルバッテリーがお手頃価格で、携帯性が高いデザインで欲しくなったが、これから飛行機に乗ることを思い出しあきらめた。中国の飛行機ではバッテリーの持ち込みが厳しいのだ。

「このスピーカーいいですよ。前回来たときに買って帰ったのですが、小さい割には音も結構良くて」

とフジフミさんに勧められたのは、モバイルスピーカーだった。パッケージにグッドデザイン賞のエンブレムが付いている。これもまた一昔前の中国製品では考えられないような洗練されたデザインで、確かに物欲をそそる。

試しに自分のスマホとＢｌｕｅｔｏｏｔｈで接続して音を鳴らしてみると、本当にものすごく音質が良くてぶったまげた。ドコドコ低音が効いており、ダンスミュージック系の音楽を聴くのにちょうど良さそうだ。

価格は百六十九元。カラーは青、赤、金色の三色。青や赤だと派手過ぎて飽きが早そうな気がして無難な金色にしようと決めると、あいにく金色だけ在庫がないという。あれ……。来る前は別に買う気もなかったくせに、ないとなるとなんだか悔しくなってくる。

「お店、深圳にもあるみたいですよ」

すると、フジフミさんがスマホで調べてくれた。この旅では中国国内をぐるっと旅したのち、深圳にも行く予定でいた。中国最大のＩＴシティだけに、おもしろいガジェットなどを物色するのを楽しみにしていたが、シャオミの店舗もあるのならば、そこで改めて金色のスピーカーをゲットすればいい。

同じフロアのすぐ近くにカフェを併設した無印良品があったので、休憩がてら立ち寄ってみた。それとなく店内を見てみると、つい先ほどＭｉ Ｓｔｏｒｅで目にしたのと似たスーツケースが売られていて、おやまあと目を見開いた。

昨日は慌ただしく活動したが、その反動か今日は妙にのんびりペースだ。

どこか一箇所ぐらい観光しようか、という話になり、向かったのが田子坊だった。ここは実は昨日会ったスナガッチにオススメされたところだ。

「たごぼうはおもしろいかもしれません」

と彼は言っていたが、ガイドブックなどを見てみると「でんしぼう」と読み仮名が振ってある。おかしいなあと思ったら、在住の日本人の間ではあえて「たごぼう」と呼ばれているのだと分かった。

どんなところかというと、レトロムードが漂うお洒落なスポットだ。迷路のような路地に小さなショップやギャラリー、カフェなどが並び、若者たちが行き交う。北京で訪れた南鑼鼓巷と似た方向性だが、上海という街柄なのか田子坊のほうがより洗練された印象を受ける。

元々は集合住宅だった場所をリノベーションして誕生したスポットなのだという。壁にポップなペイントが施されていたり、通路をカラフルな花で装飾してあったりと、アートスポットらしい装いも見られる。いわゆる「インスタ映え」しそうな風景がそこら中に転がっているから、カメラ好きな女子などにも受けそうだなあという感想だ。

気になったのは、妙にあちこちで工事を行っていたことだ。トレンド系のスポットだけに入れ替わりも激しいのだろう。人気のない店はすぐに淘汰されてしまう。ガイドブックなどでは情報の更新が追いつかなそうだ。

変化の早い田子坊に隣接する形で、昔ながらの市場が営業しており、その対比もまた上海らしい光景だと感じた。泰康菜場という市場で、一説によると「上海で一番綺麗な市場」なのだという。

確かにきちんと清掃されているし、野菜なども割と整然と陳列されている。アジアの市場としては入門者向けと言えそうだ。

市場の一番奥には海鮮の店が並んでいて、上海蟹が売られていた。昨晩食べたばかりだから妙に親近感を覚える。正確には大閘蟹である。

高級食材が大量に並べられている光景だけでも見応えがあるが、客も一人で何十杯も買っていたりして、これぞ市場らしいダイナミックな光景に興奮した。あの爆買いぶりは、もしかしたら業者なのかもしれない。

邪魔にならないように、市場の写真をパチパチ撮っていると、オヤッと目をみはる発見があった。どのお店も必ずQRコードを掲示している。コードには「微信」と書かれてい

ウィーチャットペイでの支払いの様子。スマホが財布代わりなのだ。

たりする。そう、ウィーチャットペイ用のＱＲコードだ。照明に吊していたり、柱に貼っていたり。掲示方法はさまざまだが、そこらじゅうにＱＲコードが見られるさまは僕にはとても刺激的で、これぞまさに現代の中国を象徴する風景だなあと目をみひらいた。

こういうローカルな市場の個人商店のようなところでさえ、電子マネーでの商取引が行われている。野菜も肉も魚も、ありとあらゆるものが財布要らずで買い物できてしまうわけだ。

人の集まるところには食あり、である。田子坊内や近辺には飲食店も数多い。中国式の朝食が一日中食べられる店や、香港に行くとよく訪れる「翠華餐廳」、通称「スイカレストラン」なんかもあって食べ歩きたくなった。

北京でカルチャーショックを受けた「喜茶（ＨＥＹＴＥＡ）」というお茶屋さんも見つけた。フジフミさんにチーズ入りのお茶を教えてあげると、それはぜひ飲んでみたいという。例の最長七時間待ちとかいう超人気店だが、幸いにもそこまで長い列はできていなかった。

「これは太りそうですねえ」

などと言いながらも、ダイエット中のフジフミさんが美味しそうに飲んでいたのが印象的だ。デブ指数の高そうな飲み物だが、一度味わうと病みつきになる。

喜茶もそうだが、テイクアウトして街をブラつきながら飲み食いできるような店が多いのは、田子坊というエリアの特色を反映しているように感じられる。ローカルフードを出す小さな屋台のような店も目につく。

「黒い臭豆腐って書いてありますね」

フジフミさんが指差す方向からは、中華圏の旅ではある意味お馴染みと言える独特の匂いが漂ってきた。文字通りの臭い豆腐だが、「黒い」というのは謎だ。よく見ると「長沙名物」と書いてあってハッとした。長沙とは湖南省の省都である。

実は、これからまさに湖南省へ飛ぶのだ。


やがてタイムリミットが近づいてきて、僕たちはホテルへ帰ることにした。

わずか二日という短い滞在だったが、この街の地下鉄にもだいぶ慣れた。北京のとき同様、駅へ入る度に荷物検査があるが、ほとんど形だけだ。機械に通さずとも、カバンを開けて中を見せるだけで通っていいと言う。検査員どうしで談笑していたりして、なんだかとてもゆるい。

もちろん、色々と突っ込みどころも用意されている。

たとえばセグウェイを担いでいる人を見かけた。そういや、シャオミでもセグウェイが目立つ所に展示されていたなあ。流行っているのだろうか。日本では公道での走行は禁止されているが、上海では問題ないのかもしれない。

不思議だなあと思うのは、地下鉄の切符の券売機だ。難解と言い換えてもいいかもしれない。機械によって、コインしか使えない機械や、お札しか使えない機械があったりするのだ。しかも、機械自体にはコインとお札の両方の投入口があるのに、どちらか一方しか使えなかったりするから混乱する。

飛行機の出発時刻は午後八時予定である。二時間前チェックインだとすると、六時を目処に空港に着けば良さそうだが、不安の種もあった。

数年前に中国で国内線を利用したときのことだ。チェックインカウンターがあり得ないほど大混雑していた。時間に余裕を持って到着したのにもかかわらず、結局ファイナルコールが流れる中での搭乗となりヒヤリとさせられた。

先日の北京の旅でも、帰りの飛行機に乗る際に荷物検査でひっかかって連れ戻されるという一件もあった。とにかく、中国で飛行機に乗る際には可能な限り早めに空港へ行くのが唯一の自衛策と言えるだろう。

「五時にホテルを出れば大丈夫だと思います。五時半だと少し遅いかもしれません」

午前中にチェックアウトした際にも、クロークの男性がそう言って、早めに行くことを勧めてくれたのだ。ホテルへ戻ってくると、そのときに手配をお願いしたタクシーがもう待機していた。荷物をピックアップして乗車する。

浦東のホテルから空港までは四十五分ぐらいだと聞いていたが、それよりも短時間で到着した。運転手が猛スピードでかっ飛ばしたからだ。高速道路を右に左に車線変更しながら、前方を走るクルマを追い抜いていく。

そんな乱暴な運転をしながらも、ハンドルは片手だけで操作していることにもギョッとさせられた。もう片方の手ではほぼずっとスマホをいじっている。ウィーチャットと思しきアプリの画面が見えた。文字を打つだけでなく、時折音声通話も交えている。生命を預けている身としては気が気でない。

フジフミさんは僕よりも約一時間遅い便に乗る。彼が乗るフライトはターミナル二から出るが、見送りのためにターミナル一まで一緒に来てくれた。

さらには、ここでもう一人約束していた人物と合流を果たした。最近仕事で上海に赴任になったばかりという鳥取氏が待っていてくれたのだ。「鳥取」は仮名で、元々は鳥取に住んでいたというので、勝手にそう呼んでいる。

彼もまた僕の本の読者だ。新刊が出るタイミングなどでしばしばトークイベントを開催するのだが、その度に彼は遊びに来てくれた。イベントのために鳥取からわざわざ東京まで出てきてくれるので、恐縮していたのだ。

鳥取氏はこの日の数時間前にタイ旅行から上海へ帰ってきたばかりだった。同じ浦東空港に到着するので、せっかくだから少しだけでも会いましょう、という話になり落ち合ったのだ。

めでたく再会を果たしたのも束の間、一緒にいられたのは本当に少しだけになってしまった。チェックインカウンターには列ができていて、それに並ぶだけでも時間を取られてしまった。そこから先も荷物検査やらなんやらがあるので、ゆっくりしていられない。せめて軽くお茶ぐらいはしたかったのに、立ち話だけで別れることになった。

でも、わずかな時間ではあるが、会えただけでも僕は嬉しかった。異国の地で知っている顔を見ると心底ホッとする。こればかりはどんなに旅をしまくっても変わらないことの一つだ。

フジフミさん、スナガッチ、鳥取氏と、今回上海で一緒になった三人はみんな読者だった。僕の本というのは基本的にすべて旅の本なので、その読者ということはざっくりまとめるなら要するに旅好きということになる。こうして同じ志を持つ仲間と知り合えただけでも、この仕事をしてきて良かったなあと回想する。

フジフミさんと鳥取氏が出発ゲートの前まで見送ってくれた。

「では、お気を付けて。帰ったら反省会しましょう」

フジフミさんが名残惜しそうに言った。現地解散はいつものことだが、今回は日本から一緒だっただけに余計に寂しさが募る。

最後にゲートの前で記念写真を撮っていたら、制服を着た係員がツカツカ寄ってきて、ここは撮影禁止なのだと注意されたのだった。

（七）未知なる八大料理との遭遇

以前は飛行機の座席は通路側を好んで選んでいたが、最近は窓側を指定することも増えた。「景色が見たい」という、ほとんど子どものような理由からなのだが、実際空から大地を見下ろすと童心に返ったようなワクワク感を覚える。

上海から乗った飛行機でも窓側に座っていたが、夜のフライトはおもしろくない。日が落ちてしまったいまは、窓の外には漆黒の世界が広がるのみだ。

暗闇は不安を助長させる。フジフミさんたちと別れ、飛行機が上海を飛び立った瞬間、抑えがたい緊張が襲ってきた。一人旅には慣れているはずなのに、心細くてたまらない。

手強い中国の旅とはいえ、上海は大都会だからなんだかんだいって案外快適だった。過去にも何度も訪れているがゆえに、それなりに勝手も分かっていた。旅慣れた同行者がいたお陰で、心に余裕もあった。

翻って、これから向かうのは得体の知れない中国の田舎町である。何かあったとしても、助けてくれる仲間はもういない。

喩えるならば、サバンナに放り込まれた子羊のような気分だった。

——たぶん、言葉もろくに通じないだろうなあ。

——危ない目に遭ったら嫌だなあ。

など、負のイメージばかりが先行してしまう。大げさかもしれないが、本人は大真面目だ。旅ばかりしているせいで誤解されがちだが、実は超が付くほどの小心者なのだ。

上海の空港では鳥取氏やフジフミさんと慌ただしく別れたわけだが、急いだのにもかかわらず飛行機の出発が大幅に遅れてしまい、「なんじゃそりゃ」と突っ込みたくなった。まあそれも中国ではよくある話と言えるのかもしれない。

「確認したところ十五分後に出発すると言っていましたが、私の経験上、十五分ではまず無理で、さらに遅れると思います。いまから並んでも長時間待つことになるので、席に座ってお待ち下さいね」

搭乗口へ行くと、日本語での説明が聞こえてきて耳を疑った。どうやらツアーの一団で、飛行機が遅れたので添乗員さんが対応して回っているようだった。まさか日本人に会うとは思わなかったので驚いた。しかも搭乗すると、機内では日本語のアナウンスまで流れたのでさらにたまげた。

一般的にはあまり耳馴染みのなさそうな都市へ飛ぶ路線である。

上海発、張家界行きのフライトだった。

「ちょう……か、かい？」

漢字を見ても読み方が咄嗟に出てこない。僕自身も知ったのは数年前で、そこに向かっているいまも実は「どこそれ？」状態でピンと来ていないのが正直なところだ。

張家界——南方の内陸部に位置する、湖南省では省都の長沙に次いで大きな都市だというが、日本人に聞いたら知っていると答える人の方が少数派だろう。

もっとも、張家界自体には僕も用事はなかった。目指すのは、その近郊にある武陵源（ぶりょうげん）だ。水墨画のような世界の中に、奇岩が屹立するユニークな風景で知られる。世界遺産にも登録されている一大観光地だ。

なぜ武陵源なのか。実は、自分の中で伏線のようなものがあった。

利用したのは上海航空。今回は系列のデルタ航空のマイルで発券した。

数年前に「絶景」に関する新書を出版した。絶景ブームを自分なりに分析し、どんな場所に人気が集まるかなどをデータから読み解く内容の一冊だ。

その本の中でメディアへの露出度の高い絶景をランキング形式でまとめてみたのだが、中国の絶景では武陵源は二番目に人気だった。ちなみに一位は九寨溝である。調査結果を踏まえて、そのときは実地調査と称して九寨溝を現地まで観に行ったりもした。そんな流れもあり、次に行くなら武陵源かなと密かに企んでいたのだ。

また、同じく湖南省では、鳳凰という街も密かに気になっていた。古城、すなわち昔ながらの街並みがいまも残るところのひとつで、なんでも「中国で最も美しい古城」が見られるのだという。

似たような街としては、雲南省にある麗江へ昔行ったことがあるが、あそこは観光地化しすぎて風情が失われてしまったと嘆く人も多い。

鳳凰古城はまだまだ知る人ぞ知る存在だが、将来的に世界遺産に登録される可能性も出てきているようで、ブレイクの兆しが見える。ならば本格的に流行る前に、ぜひとも行っておきたいと考えたわけだ。

武陵源と鳳凰古城を巡る湖南省の旅——仮にツアー名を付けるとしたらそんな感じになるだろうか。実際にはツアーではなく、個人旅行なのだが……。

飛行機が張家界空港に到着したのは二十三時をすぎた頃だった。ただでさえ夜遅くに目的地に着く便だったのに、出発が大幅に遅れたせいですっかり深夜になってしまった。

「何にもないなあ」独りごちる。

飛行機を降りて空港建物に入り、まず抱いた感想がこれだった。

建物はやたらと巨大だが、内部はがらんどうで壁に広告が掲示されているほかには目につくものは何もない。売店の一軒も見当たらないが、夜遅くて閉まっているわけではなく、元から存在しないようだ。中国でも屈指の華やかさを誇る上海から飛んできたこともあり、落差の大きさに戸惑った。

問題は空港からの移動をどうするかだった。

張家界空港の到着階を出たところ。何もない割には建物は大きい。

空港から近い張家界市内ではなく、武陵源にあるホテルを予約していた。地図で確認すると、ざっと四十キロ弱はある。日中ならまだしも、こんな夜遅くにそれだけの距離を移動するとなると覚悟が求められる。少なくとも女性の一人旅ではオススメしないレベルだろう。

こうなることを見越して、出発前にホテルにメールで問い合わせもしていた。

「空港まで送迎車を手配してもらうことは可能でしょうか？」

そんな文面の英語のメールだ。幸いにもすぐに返信が届いたのだが、提示された料金が四百五十元と予想外に法外だったので断念した。日本円にすると八千円近い。足元を見られたのかもしれない。自分にはちょっと贅沢すぎる。

空港は建物内に何もなかったが、外へ出るとさらに殺風景な世界が広がっていた。出迎えと思しきクルマが何台か停まっているのみで、人気は極端に少ない。バスがあればいいなあ、などと密かに期待していたがとても無理そうだ。

少し離れたところに、わずかに数台だけタクシーが停まっているのが見えた。もはやこれに乗るしか手はなさそうだ。台数が少ないから早い者勝ちといった雰囲気で、出遅れたら空港に取り残されてしまいそうで焦る。

スマホにホテルの予約画面を表示させて、それをタクシーの運転手に見せると、有名なホテルなのかそれだけですぐに伝わった。逆に向こうからもスマホの画面を見せてきた。電卓アプリに「360」という数字が打ってある。なるほど、料金が三百六十元という意味なのだろうと理解する。

三百六十元……か。正直、かなりお高いなあと怯んだが、ホテルに送迎を頼んでも四百五十元するというから案外妥当な値段なのかもしれない。

ダメ元で、もう少し安くならないかと身振り手振りで交渉してみると、ナントカカントカと中国語で抗弁された。意味はまったく分からないが、とりあえずまける気はなさそうなことだけは伝わってきた。

夜遅いし、結構遠いし、ほかに選択肢もない。立場はこちらが弱いのだ。

「ま、いっか」と自分を納得させ、言われるがまま払うほかないのだった。

運転手はなかなか機転の利く男で、スマホの翻訳アプリを駆使して僕と会話を試みようとしてくれた。ただし、残念ながらアプリの精度が低く、翻訳された結果が微妙におかしい。

男が見せてきた画面には、

「七十キロあるからハイスピードで云々かんぬん……」

みたいな文章が英語で書いてあった。結構重要なインフォメーションのようだが、これだけだと何が言いたいのか分からない。七十キロって目的地までの距離のことだろうか。自分が調べた際には四十キロもないぐらいだったが……。

海外旅行の添乗員をしている友人は、自分のお客さんにその日の行動予定を事細かく説明するのだと言っていた。いつ、どこへ行って、何をするのか。とくにイレギュラーな出来事が生じた場合には必ず事前に告知するという。状況が分からないことが最も人を不安にさせるからだ。

このときの僕はまさにそんな状態だった。距離などの具体的な数字を交えてわざわざ伝えてくれたぐらいだから、何か注意点のようなものがありそうなのだが、それが何なのかが皆目見当がつかない。

なんとなくモヤモヤした気持ちで出発したのだが、走り始めて間もなくして謎がさらに深まる事態が発生した。僕は異国の地でタクシーに乗るときはスマホの地図で現在地を確認するようにしている。意図的に遠回りされないよう自衛のためなのだが、このときも地図を見ていたら異変に気がついた。

──目的地と逆方向へ進んでいる！

スマホの地図では現在地からのルートまで表示されるわけだから、道を逸れたらすぐに分かる。最初のうちこそ、どこかで曲がって正規ルートに戻るのかな、などと様子を見ていたのだが、そんな気配は一向になく、タクシーはぐんぐん逆方向へ走って行く。

「こっちで大丈夫ですか？」

痺れを切らして運転手に聞いてみた。スマホを見せて、道が違うのではないかと訴えると、またしてもナントカカントカと中国語で言い返されてしまった。意味はやはり不明だが、とりあえず目的のホテルは分かっているから、ということだけは伝わってきたので静観することにする。

かくなるうえは、成り行きにまかせるしかないだろう。そもそもメーターではなく、あらかじめ料金を協議済みなわけだから、向こうにも意味もなく遠回りする理由はないはずだ。

道路はところどころ水浸しになっていた。雨が降ったのだろうか？　上海では天気が良かったせいで油断していた。武陵源は屋外での観光となるから、天気が気になるところだ。世間話がてら運転手に「明日は晴れますかねえ」などと訊ねたいが、我が中国語力ではそれも不可能だった。

狭い車内で、言葉が通じない運転手と客の二人だけという状況が続く。気まずい空気を察知したのか、運転手はやがてカーステレオから音楽を流し始めた。歌詞は中国語ながら、スネアの効いたヒップホップ風のビートでテンションが上がる。深夜ドライブ向けのいい選曲だ。

ズンドコ音が鳴り響く中、クルマは逆方向へ走り続け、そのうちになんと高速道路に入った。ますます勢いよく武陵源から遠ざかっていく車内で、僕はますます不安を募らせていた。

窓の外は真っ暗だが、両サイドには山の稜線らしきものが望めた。山と山の間に作られた高速道路のようだ。険しい山岳地帯を越えなければならない。深夜だから道が空いているのがせめてもの救いだ。

——このままどこか遠くの知らない街へ連れて行かれたらどうしよう。

本気でそんな心配さえしていたから、前方の道路標識に「武陵源」の文字が見えたときには、心からホッとした。ああ、良かったと安堵した。高速道路を左方向に分岐し、ぐるっと大きく迂回してアクセスするようだ。急がば回れ、ということなのだろうか。回りすぎな気もするけど。

最初に運転手に見せられた「ハイスピード」というのは、そうか高速道路のことを言っていたのかもなあと理解した。七十キロという距離も、遠回りするとちょうどそれぐらいになる。やまがちな地形から想像するに、迂回せずに真っ直ぐ行くと一般道の山道になるから、かえって時間がかかるのかもしれない。

とにかく、結果的には無事に目的地まで連れて行ってくれたのだった。

ホテルに着いたときには深夜二時近くになっていた。部屋へ入って荷物を置くと、そのままシャワーも浴びずに倒れるようにして眠りについた。

武陵源を観光するにあたっては、空港のある張家界市内に宿泊しながら日帰りで武陵源まで往復する方法もある。『地球の歩き方』でもそちらがオススメされていたし、夜遅い到着だったからそれも手かなあと一瞬考えたが、結果的には深夜の内に移動を済ませておいて正解だった。

一泊して翌日は朝イチから観光を始められるのはデカい。午前中のほうが空いているから落ち着いて見学できる。ホテルから武陵源のゲートまでは徒歩圏だった。ゆっくり見て回るなら近隣に泊まった方が都合がいいだろう。

自分の場合いつもそうだが、訪問前にはあまり積極的に予習はしない。予備知識がない方が楽しめるからだ。情報を仕入れすぎてしまうと、それだけでもう行ったような気になり、現地では単なる確認作業になってしまう。小説や映画と同様で、旅もネタバレはなるべく避けるべきという考えなのだ。

今回もろくに調べもせずにやってきたのだが、現地へ来てしまえば案外なんとかなる。ホテルのレセプションで相談してみると、地図を見ながら細かく説明してくれた。地図はカラー刷りで見やすいし、説明も英語で分かりやすい。

武陵源はとにかく広大で、見どころは広範囲に渡っている。敷地内ではシャトルバスでスポット間を移動しながら見て回るのが見学の基本スタイルなのだが、どこからバスに乗って、どんなルートで巡るのが最良なのかをレクチャーしてくれた。ガイドブックやネットの情報よりも、こういう地元の人たちのアドバイスの方がずっと役に立つ。

しかし、教えられた通りにバスに乗ろうとしたところで困った事態になった。チケットを購入してゲートをくぐった先は、ロータリーのようになっていて、バスが十台近く停まっていた。

――ううむ、どれに乗ればいいのだろうか。

いきなり難易度が高いのだ。バス停のようなものはなく、停まっているバスに直接乗り込む方式なのだが、バス自体にも行き先の表示がまったくない。

試しに近くの人波についていってみると、「アナタはこのバスではないわよ」みたいな

武陵源の入場口には立派な楼閣が。これを通った先がバス乗り場だ。

感じでたしなめられた。良く分からないが、結構立派なバスだったし、ひょっとしたらこれはツアー用のバスなのかもしれない。

困惑しながらウロウロしていると、おばちゃんの一団に声をかけられた。首からカードのようなものをぶら下げている。どうやら個人ガイドの売り込みのようだった。ホテルでもらった地図を見せて、自分が行きたい場所を伝える。

「ここへ行くバスはどれですか？」

訊いてみると、指差して教えてくれた。隅っこに停まっていた中型のマイクロバスが正解だと分かった。

「謝謝（シェシェ）」

お礼を言って立ち去ろうとすると、おばちゃんに引き留められた。マシンガンのような早口でまくし立てられる。熱烈なガイドの勧誘である。

「アナタ、乗るバスすら分からないのだから、一人で見て回るの大変。私が一緒に行って色々教えてあげるから」

台詞の内容は僕の想像だが、恐らくそんなことを言っていそうな雰囲気だ。

「ティンプトン」と僕は口にした。

意味が分からない、という意味の中国語で、この国を旅しているとよく使う決め台詞の一つだ。そう言うと、大抵の相手は話すのも無駄と悟るのか引き下がってくれるのだが、おばちゃんには効き目がなかった。積極的というか、しつこいというか、なかなか解放してくれない。最後は振り切るような形でおばちゃんから逃走し、バスに乗り込んだのだった。

武陵源への入口は全部で五箇所もある。僕が入場したのはメインとなる「武陵源ゲート」で、ここからまずは天子山(てんしざん)自然保護区を目指した。バスで移動したのち、ロープウェイに乗り換えて山頂へと移動する。

このロープウェイが入場料とは別料金になっており、七十二元も取られたので戸惑った。しかも片道の運賃である。帰りは別の場所からエレベーターで下山したのだが、そちらも同じく七十二元だった。

ちなみに武陵源は入場料だけでも二百四十八元もする。行き帰りの上下移動の費用も加えると、トータルで三百九十二元にもなる。日本円にしてなんと七千円近く。なんだかケチくさい話に聞こえるかもしれないが、観光地の入場料としては世界的に見てもかなり高額な部類に入るのは確かだろう。

もっとも、これは武陵源に限った話ではない。前回、九寨溝を訪れたときにも同じようにずいぶんと割高で、辟易させられたのを思い出した。そう、中国は観光するのにやたらとお金がかかる国なのだ。

武陵源の天高くそびえ立つ奇岩の絶景を堪能するためには、それよりも高い位置から見下ろす必要がある。ホテルがある市街地やゲートのある付近はいわば下界で、見学コースは基本的に山の上に作られているから、何らかの方法で上がらなければならないのだが、歩いて山登りするのは現実的ではない。つまり、ロープウェイやエレベーターの利用はほぼ必須というわけだ。

とはいえ、高いお金を取るだけあって、このロープウェイ自体も中国らしいスケールの大きさを感じさせるものだ。標高差は七百メートルぐらい。ほとんど垂直に近い急角度で一気に上昇していく。それも地面からかなり離れた高所を浮上しながら進んでいくから、なかなかスリリングだ。

天空を駆け抜けながらパノラマの風景を堪能する。進行方向には山々がそびえ立っており、切り立った断崖の山肌が眼前に近づいてくるさまは迫力満点だ。逆に上って

ロープウェイで天空へ。迫り来る奇岩にワクワクする一方、あまりの高所にドキドキも。

きた方角を振り返ると、眼下に大地が望める。神様の視点で下界を見下ろすような感動が得られるが、高所恐怖症の人にはちょっとオススメできないほどだ。

訪れたのが十一月と閑散期だったせいですぐに乗れたが、夏場などハイシーズンにはロープウェイ乗り場に長蛇の列ができるのだそうだ。こんな山奥にもかかわらず、二時間待ちなどということも普通にあるというから、さすがは中国だなあと感心させられる。

ロープウェイで上った先にはまたバスが待機しており、それに乗ってさらに移動すると、このルートの最初の見どころである賀龍(がりゅう)公園に到着する。想像していたのとは違って、そこは森のような雰囲気だった。下界では紅葉が始まっていたが、山の上だからなのか基本は常緑樹で緑が生い茂っている。

案内板のようなものが少なく、全体的に不親切なつくりだ。とりあえず人が集まっている方角へ行ってみると、展望台になっており、森が途切れて視界が広がった。手すりの先数十メートルの距離に、切り立った峰が望める。

目にした刹那、興奮のあまり「うおおお！」と声が出た。さすがは絶景ランキング二位。文句なしの眺望と言っていいだろう。

数日前に上った上海タワーの展望台を僕は思い出した。未来都市の最高峰からは、にょきにょきと林立する高層ビル群を眼下にできた。

考え方によっては、あの眺望に通ずるものがある。上海ではビル群だったが、武陵源ではにょきにょきの正体が奇岩に取って代わられたわけだ。

さっそくカメラを構えようとしたが、撮影するのに順番待ちの列ができていた。記念写真を撮るのに絶好のスポットなのだろう。

「イー、アール、サーン」

というかけ声と共に笑顔でカメラに収まっている。若い子たちは自撮り棒にスマホをセットしてピースサインを決めている。風景そのものを撮るのではなく、自分入りの写真を撮るところが中国人らしいなあとしみじみした。

これは例の絶景をテーマにした本にも書いたことだが、日本人と中国人では絶景との向き合い方が違うと感じる。我々が絶景そのものに価値を見出すのに対し、中国の人たちはそこまでありがたがってはいない。主役はあくまでも自分自身であり、どんなに絶景であっても所詮はそれは背景にすぎないという認識のようなのだ。

僕は列に並びながら、彼らのまるで撮影会のような撮りっぷりに圧倒されていた。腕を高く掲げ人差し指を突き出したり、片足を柵の出っ張りに乗せて腰に手を当てたり。何らかのポーズを付けるのは当たり前で、棒立ちで写真に収まるようなやる気のない人はまずいない。

展望台はスペースが狭く、一度に一組ずつしか撮影できないのだが、みんなが熱心に撮影するお陰で列の進みは遅かった。やっとこさ自分の番になって、風景の写真だけを数枚撮って次の人に場所を譲ったら、「えっもういいの?」とでも言った感じで逆に驚かれてしまったほどだ。

賀龍公園は武陵源の中でもとくに観光客の多いスポットで、土産物屋や飲食店といった施設も整っている。ランチを取るなら、ほかのエリアへ移動する前にここで済ませていく方が良さそうだ。

森の中にローカルフードの屋台が何軒か並んでいて、そのうちの一軒が気になった。「長沙臭豆腐」の店である。そういえば上海の田子坊でも売られているのを目にした。武陵源のある湖南省の省都・長沙の名物料理だ。

せっかく本場まで来たのだから、挑戦して

中国の人たちの熱心な撮影ぶりを観察するのも結構興味深かったり。

みることにした。一つ下さいとお願いすると、鍋からお皿に盛ってくれた。値段は十元と手頃だ。

臭豆腐は豆腐といっても厚みがなく、形としては油揚げに近い。長沙臭豆腐が普通の臭豆腐と違うのは、見た目が黒々としていること。見方によってはグロテスクとさえ言える。食べてみて、うひゃあと声を上げた。辛いのだ。とても辛い。唐辛子が利いているようだった。

盛り付ける際にお店の人に、見るからに辛そうなタレのようなものをかけるかどうか訊かれた。わざわざ確認するぐらいだからきっと強烈なんだろうなあと怯み、とりあえずかけないでもらったのだが、それでもこんなにも辛いのだ。

中国料理というよりは、タイやベトナムなどの東南アジアの料理に近しい味だなあとも思った。パクチーが載っているせいもある。豆腐以外には大根を千切りにしたものが具として入っていた。温かいスープをかけて食べるので、寒い冬場などはありがたみが大きいだろう。

もちろん、臭豆腐特有のあの強烈な匂いは健在である。「匂い」と書いたが、料理名にあるように「臭い」というネガティブな意味を持つ漢字で表現した方がいいのかもしれない。日本人には受け入れられにくいのか、この臭いが苦手という声もしばしば耳にするからだ。

僕自身も最初はダメだったが、もう慣れてしまった。スパイシーで香草たっぷりな食べ物は、個人的にはストライクゾーンのど真ん中だ。ビールのつまみに良さそうだが、あいにくビールは売られていなかった。

驚くべきことに、賀龍公園にはマクドナルドがあった。アメリカンなファストフード店ながらも、外観が昔ながらの中華風建築になっており、周囲の風景に見事に溶け込んでいる。世界遺産とマックの組み合わせは異色だが、こういう話は旅人の間でネタになりやすい。たとえばエジプトのピラミッドの前にはKFCが、同じ中国内なら万里の長城にはスターバックスがあった。それぞれ訪れたのはもう十年以上前だが、いまだに覚えているぐらいだ。

ここで出合ったのも何かの縁ということで、マックにも入ってみた。ハンバーガーとポテトに飲み物が付いたセットメニューが四十一・五元と、地上の店よりも明らかに高いが、これはきっと場所代なのだろう。いわゆる牛肉のパティではなく、チキンを揚げたものがバンズに挟まれていた。

さらに驚くべきことがあった。パクッと食べた瞬間、オヤッとなった。

なんとマックのハンバーガーもまた辛かったのだ。

臭豆腐でヒーヒー言っていたから、口直しできればという意図もあったのだが、むしろさらに火を噴きそうになってしまった。

この段に及んで気がついたのだが、どうやらここ湖南省ではスパイシーな料理が好まれるらしい。調べてみると、湖南料理はあの四川料理よりも辛いのだと書かれているサイトもあった。

へえ、そうだったのかと得心し、同時に夕食への期待が募った。下山したら美味しい店を調べつつ、湖南料理を食べに行く楽しみもできた。

腹ごなしを終えたところで、次なるスポットへ移動する。ところがバスの乗り場が先ほど到着したときとは別の場所で、探すのに手間取った。さらには、途中で乗り換えが必要なことを知らず、最初に着いた場所を目的地と勘違いして奥へと歩き始めてしまい、時間を大きくロスしたりもした。

弁解するつもりはないが、全体的に案内表示のようなものが不足しているというのが素直な感想だ。来ている人たちの大半は団体ツアー客のようだし、個人旅行客は軽視されているのかもしれない。バス乗り場を見つけるだけでも、ほとんど当てずっぽうで歩くしかないのには困った。

名前の格好良さは観光地にとって案外重要な要素だと思う。別にダサい名前だからといって内容が劣るわけでもないが、イケてる名前ならばそれだけで魅力を感じるのも確かだ。

武陵源——正直、名前からして惹かれるものがあった。漢字で書いたときの字面からは勇ましさのようなものが感じられるし、「ぶりょうげん」と読んだときの音の響きも悪くない。

実際にこの目にした武陵源は、名前以上に格好いいスポットだと感じた。観光地を格好いいと表現するのもなんだかヘンだが、男心をくすぐられる景観という意味では、自分としてはそう形容しても不自然さはない。

午後に訪れた袁家界景区はさらに格好いい風景が目白押しで、僕はますます虜になった。ここは、武陵源観光におけるハイライトとされるところだ。

遊歩道に沿って進んでいくと、次々と信じられないような絶景が現れる。そこらじゅう展望台だらけなので写真も撮り放題なのが嬉しい。賀龍公園であんなに並んだのが馬鹿らしくなるほどだ。

最大の目玉は、地上約四百メートルの高地に位置する「天下第一橋」。橋と付いているが、人工のものではなくそこだけ近くに立つ峰となぜか陸地で繋がっており、まるで橋のようになっている。

その橋もどきを歩いて渡った先の峰にも歩道が整備されており、ぐるりと周回できる。独自の地形からここは神聖視されているのだろう。峰の中には小さな祠などもあって、木の枝には赤い紐のようなものが無数に巻き付けてあった。見るからに聖地といった厳かな佇まいだ。

見学コースの途中には本物の橋もあるのだが、足場が格子状になっており、足元の下が丸見えて結構怖い。高層ビルと高層ビルの間を綱渡りしているような気分になった。これぞ天空の吊り橋である。へっぴり腰になってしまった。

午前中は快晴だったが、午後になって少し雲が出てきた。でも、この地は多少曇っているぐらいの方が風情があるかもしれない。水墨画のような世界を想像してやって来ていた。むしろ霧ぐらいあってもいいほどだ。

にょきにょきと屹立している峰の多くは、てっぺんにだけ木々が生い茂っており、山肌は剝き出しだ。それゆえ、形によってはコーンに入ったアイスクリームのようにも見える。下に行くにつれて細くなっている峰などもあって、まるで空から降ってきた剣が大地に突き刺さっているかのような光景、と形容してもいい。

元々は地殻変動と、雨風の浸食により形成されたものだという。ともあれ、摩訶不思議な景観であることは間違いない。

途中でやたらと人が集まっているところに遭遇した。何だろうかと覗いてみると、羽の生えた恐竜のようなオブジェに跨（また）がって記念撮影をしているようだった。オブジェの横には石碑が立てられており「阿凡达」の文字がある。

阿凡达と書いて、「アバター」と読む。昔、そんな名前のハリウッド映画があったことを覚えている人も少なくないだろう。そう、実はここ武陵源はあの『アバター』の舞台となった場所でもあるのだ。

　恐竜風のオブジェは、恐らく作中に登場するキャラクターか何かなのだろう。いわゆる聖地巡礼を目的として訪れる、作品のファンもいるのかもしれない。

　帰りは袁家界の先にある百龍エレベーターで一気に下界へ戻った。わずか一分足らずの上下移動なのに七十二元も取られるのは癪だが、屋外のエレベーターとしては世界一の高さを誇るのだというから記念にはなる。

　エレベーターを降りたところから出発するバスでゲートへ戻れる。のんびり見学しても日没前には帰って来られた。一筆書きで効率のいいルートだ。

　武陵源の市街地は想像していたよりもずっ

天下第一橋は不思議スポットだ。どうしてこんな地形になったのか。

と賑やかだった。山奥というロケーションの割には小綺麗な建物が並んでいる。といってもレストランや土産物屋の類いがほとんどで、人々の生活の匂いのようなものは感じられない。まだまだ開発途上なのか、そこらじゅうで工事現場も目にした。これから新しいホテルや商業施設が次々オープンするのだろう。観光で潤っている街、いや観光のために作られた街という印象さえ受ける。

ある意味テーマパークのようなところだからこそ、旅人としては割り切って楽しんだ方が居心地が良かったりする。夕食はトリップアドバイザーで調べて、クチコミ評価が高かった「唐師傅土家食府」というレストランに決めた。普段は観光客向けのレストランはなるべく避ける主義だが、ここではその種の店しかないから、深いことは考えずに人気店を選べばいい。

入店して、まず嬉しかったのは英語のメニューが用意されていたことだ。トリップアドバイザーの利用者は英語圏の旅行者が多い。中国のような言葉の心配がある国では、この手のサイトに掲載されているか否かは英語の通用度を推し量るひとつの目安にもなりそうだ。

湖南料理の専門店である。日本ではほとんど馴染みのない湖南料理だが、あの四川料理よりも辛いのだと知って、にわかに興味を募らせていた。僕自身はこれまでに食べた記憶はない。少なくとも湖南省自体が初訪問だから、本場の味に挑戦するのはこれが最初の機会になる。

入門者としては、まずは定番どころから攻めてみたい。注文したのは「辣椒炒肉(ラージャオチャオロー)」だった。細切れの豚肉を唐辛子と一緒に炒めたもので、湖南料理の代表的なメニューの一つだという。四川料理でいうところの回鍋肉と見た目は似ているが、炒める野菜が唐辛子という時点で回鍋肉よりも辛そうだ。

食べてみて、「これは辣(ラー)だなあ」という感想を持った。

同じくスパイシーな料理でも、四川料理では唐辛子に加えて山椒が効いており、その味は「麻辣(マーラー)」と称される。「麻」は舌がピリリと痺れるような山椒の味覚を表したものだが、どうやら湖南料理にはそれがないらしい。唐辛子の辛さのみ、つまり辣だけなのである。

そもそも唐辛子を薬味としてではなく、具材扱いとする発想からしてユニークだ。僕は密かにブータン料理を思い出したりもした。世界一辛いと言われるブータン料理では、とにかく唐辛子をたっぷり使用する。激烈に辛いのだが、不思議と食べているうちに慣れてくる。

ブータンを旅したときに、毎食のように出てきたエマ・ダツィという料理がある。唐辛子をチーズと一緒に煮込むという、我々の常識からすると斬新な一品なのだが、あれなんかはまさに野菜のような感覚で唐辛子を食べる。湖南料理と同じ発想で、味も同様に辣である。

辣椒炒肉では青唐辛子を使用するのが一般的だそうだが、この店では赤唐辛子を使っていた。赤い方がビジュアル的には辛そうに見える。実際食べると、火を吐きそうなほどだ。ヒーヒー言いながら、ビールがぐいぐい進む。

辛さ以外の基本的な味付けとしては醬油系で、これも湖南料理の特徴なのだという。しょっぱ辛くて、さらには油も多めだ。総じていえば、こってり系の料理と表現できるだろうか。好みが分かれそうな気もするが、個人的には正直かなりツボである。これだけでご飯を何杯もお代わりできそうなほど。

辣椒炒肉のほかには口直しに辛くない青菜系の炒め物なども頼み、あとは白飯とビールで会計は七十三元だった。これでも恐らく観光地プライスなのだろうが、元の物価が安いせいかそれほど割高には感じられない。辛いものに目がない旅人としては、お腹も心も大いに満たされたのだった。

湖南料理は中国八大料理の一つに数えられるのだという。四大料理なら聞いたことがあるが、八大料理というのは初耳である。

湖南料理の定番「辣椒炒肉」は辛いもの好きにはたまらない。ビールもご飯も進む味。

それだけ特徴的であり、中国の人たちからすれば支持を集めている料理ということなのだろう。

　ここまで北京、上海と順に旅してきて、この後は広州へも行く予定でいたから、自分の中では密かに四大料理を制覇しようか、などという目論見を立て始めていたところでもあった。四大のうちの残り一つは四川である。いずれ改めて四川省も訪れたいが、とりあえずは同じく辛い料理ということで、代わりに湖南料理を八大料理から四大料理へと昇格させてみようかなあ、などという身勝手なアイデアが頭を過ぎったりもした。

（八）酸辣湯は美しい古城の河辺で

武陵源の入場券は四日間有効となっている。値段の高さに文句を述べたが、一日当たりに換算するとそれほどでもないのだ。

とはいえ、そんなに長くはいられない。

「チケットは四日間ですが、二日もあれば十分に見て回れますよ」

と教えてくれたホテルのレセプションの女性に対して、僕は恐縮しながら伝えた。

「……実は、見られるのは一日だけなんです」

そう、観光した翌日には、もう出発しなければならなかった。我ながら相変わらず慌ただしい旅なのだ。

次の目的地は前述したように鳳凰という街である。武陵源とは同じ湖南省に属しながらも、距離にして約二百五十キロも離れている。

懸案事項だったのが、どうやって移動するかだ。

ネットで調べた限りでは、武陵源からバスが出ているようだが確証はなかった。本当にバスが出ているのか、何時発なのか、何も分からない。まあでもタクシーで移動するような距離ではないし、鳳凰市内には鉄道が通じていないため、選択肢はほぼバスのみ——あるとしたら、だが——という状況である。

言葉の通じないこの国でローカルの移動手段を確保するのはそれなりに骨が折れる。どうしたものかと思案したが、意外なほど呆気なく問題は解決した。

「鳳凰行きのバスのチケットを予約できませんか？」

ホテルのレセプションで、こう訊いてみたのだ。

ダメ元ではあるものの、対応してくれるのではないかという読みも密かにあった。実は過去にも中国の地方都市でホテルの人に頼んで鉄道の切符を取ってもらった経験があるからだ。どういう仕組みなのかは不明だが、お金さえ少し多めに払えば面倒な予約を代行してくれる人たちがいる。

レセプションの女性は「お待ち下さい」と微笑み、どこかへ電話をかけた。そうして電話を切ると、僕に向き直って言った。

「二便ありますが、午前と午後どちらがご希望ですか？」

果たして、期待した通りの展開になった。バスターミナルまで行って、チケットを買ってきてくれるという。僕はしめしめとほくそ笑んだ。

バスのチケットは百五元だが、予約手数料として二十元を別途払って欲しいと言う。こちらはただでさえスケジュールがギリギリだから、その程度の出費で時間を短縮できるのなら願ったり叶ったりである。

こうしたやり取りを武陵源に着いた翌朝に済ませていた。代金を前払いし、チケット購入時にはパスポートの原本が必要だと言うのでそれを預けて、自分自身はそのまま観光に出発した。夕方になってホテルに帰ってきたときには、チケットが無事届いていた。あまりにも上手く事が運んだので、心配になったほどである。

ちなみに今回僕が宿泊したのは「プルマン張家界」というホテルだ。周辺ではとくに規模が大きく、設備もまあまあ豪華だが、「重要なのはハードよりもソフトなんだなあ」と強く感じさせられる宿だった。

外資系だけに英語が通じるスタッフがいたし、英語を喋らないスタッフも終始気持ちのいい接客をしてくれ、中国にいるのを忘れそうになったほどだ。何より、バスチ

朝食会場にて。スタッフの感じがとても良くて、好印象なホテルだ。

ケットの一件で世話を焼いてくれたのは心底ありがたかった。あんまり褒めると誤解を受けそうだが、別にお金をもらったりはしていないないし正直な感想を書いている。

そんなわけで、翌日は朝からバスで移動することになった。発車時刻が八時二十分と結構早かったが、念のため一時間前にはバスターミナルへ向かった。バスターミナルといっても、こぢんまりとした街だからかそれほど大きな施設ではない。建物に四方を囲まれた中庭のようなスペースにバスが数台停まっていた。

待合室で待機していると、やがて少しずつ乗客が集まってきた。別の行き先のバスも同じ時間帯に出るようで、順次乗り込んでいるのだが、表示はおろかアナウンスなども一切なくて戸惑った。

周囲の人に自分のチケットを見せて、「鳳凰行きはまだでしょうか?」と聞き込みをする。するとなんともう改札が始まっているというので泡を食った。乗り遅れたら取り返しがつかない。大慌てでバスへ向かうといまにも出発しそうな雰囲気だった。

――荷物はどうすればいいのだろうか。

言葉が分からないから、そんな単純なことさえも上手く質問できないのがもどかしい。そもそも、その場には質問する相手もいない。運転手と思しき男はタバコを吸いながら大声で同僚と話し込んでいた。

結局、荷物はドアが開いていた荷台に自分で置いた。セルフサービスである。これで正しいのか分からないが、中に他の乗客のものと思しきスーツケースなどが積んであったので、たぶん大丈夫だろう。

オロオロしながらも、とりあえずバスに乗り込んだ。席に着いて人心地がつくと、車内を何かがブンブン飛び回っている。あらら、蠅である。たかが蠅ごときではあるのだが、目の前をブンブンされるとなんとなく落ち着かない。気を取られているうちにやがてバスが出発したのだった。

発車したのを合図に、乗客が一斉に席を移動し始めたのにも面喰らった。バスは全席指定で、チケットには座席番号が書かれている。ところが、車内はガラガラなのにもかかわらず、なぜか他の人と並びになるようにアサインされていた。逆に並びの二席が共に空席という列も多いから、しれっと移動したのだろう。なるほど、二席を占有した方が快適なのは間違いない。

まんまと出遅れてしまった。状況を把握したときには、もう並びの二席の空席がすべて埋まっていた。いつも思うがこういうシチュエーションでは、中国人は行動的だ。早い者勝ちの原理が働いており、ボケーッとしていると損をする。ある意味で弱肉強食の世界と言えるだろうか。

一時間ほど走ったところで、バスは大きなターミナルへ入り停車した。地図アプリで現在地を調べると、張家界市内のバスターミナルのようだった。鳳凰まで直行するのかと思い込んでいたが、張家界を経由するらしい。

というより、本来は張家界から鳳凰を結ぶバスなのかもしれなかった。ルート的には武陵源が始発にはなっているが、街の規模を考えれば張家界発の方が遥かにニーズがありそうなのだ。

実際、このターミナルで乗客がたくさん乗り込んできて、見事にバスは満席になった。ガラガラだったのは張家界で乗る人が多かったからだ。勝手に席を移動していた人たちも、残念そうに自分の席へ戻っていった。

さらには座席に関して一悶着があった。武

武陵源のバスターミナル。写真右端のバスが鳳凰行きだった。

陵源から乗ってきた人と、張家界から新たに乗った人とでなぜかまったく同じ番号の席が指定されているケースが多発したのだ。僕が座っていた席にも、別の人がやってきて自分の席だと言うので大いに困惑した。

　チケットを見せてもらうと、確かに番号がまったく同じだった。

「ここは自分の席だから」

　とお互いが主張し、どちらも正しいという冗談のような展開である。

とはいえ、これもこの国ではよくある出来事なのかもしれない。やがて車掌さんがやってきて、慣れた雰囲気で座席の調整をし始めたから驚いた。

「あなたはここに座って。あなたはここが空いているわ」

　みたいな感じで素早く振り分けていく。あっという間に通路の乗客が綺麗に座席に収まり、バスが張家界のターミナルを出発する。フト気付くと、ついさっきまでブンブン煩かった蠅がいつの間にか姿を消していたのだった。

　バスが鳳凰に着いたのは十四時頃だった。武陵源を出てから六時間近くかかったが、張家界にも寄ったし、途中パーキングエリアのようなところでトイレ休憩もあったから、走行していたのは正味五時間ぐらいである。

内陸部の山岳地帯にある地方都市間を結ぶ路線なので、道の悪さも覚悟していたのだが、実際にはほぼずっと整備された高速道路ですこぶる快適だった。

おもしろかったのは、車掌のおばちゃんによるトークセッションが始まったことだ。普通の長距離バスとはいえ、この路線は観光客が多いのだろう。マイクを手に、僕たちが向かっている鳳凰の見どころなどを一通り紹介してくれた。立ち居振る舞いが関西のおばちゃん風で、時折冗談を交えたりしていて、客席からはドッと笑いが起きていたのが印象的だ。トークは堂に入っており、その話術はプロ顔負けだった。僕自身も言葉が分からないにもかかわらず引き込まれてしまったほどである。しかも、かなりの長広舌で、なんと一時間以上もノンストップで話し続けたからたまげた。

おばちゃんは最後に乗客全員にお菓子を配り始めた。これはサンプルで、売り物として用意しているのだという。

「本当は六十八元だけれど、特別に五十元にしますよ」

などと話の内容がいつの間にかセールストークに変わっている。

バス会社による公式の車内販売なのだろうか。いや、恐らくこのおばちゃんが個人的に行っている商いに違いない。お菓子以外にも鳳凰古城の地図なども販売しているようだった。商魂たくましいなあと感心させられる。

鳳凰に着いたバスは、ターミナルの乗降場所からはだいぶ離れた車庫のようなスペースに停車した。不親切なことにアナウンスが何一つないのだが、どうやらここで降りてあとは歩いて行くようだ。

ほかの乗客がゾロゾロ進むのに付いていく。階段を降りて、ターミナル建物の裏手からぐるりと回るようにしてようやく正面玄関まで辿り着いた。

——さて、どうしようか。

目指すは古城、すなわち旧市街なのだが、バスターミナルは新市街に位置している。とても歩いて行ける距離ではないため、足を探す必要があった。そのことは同じバスに乗ってきたほかの乗客たちも同様のようで、ターミナル前の道路ではタクシーの奪い合いのような状況になっていた。

ちなみにタクシー乗り場のようなところはなく、流しのクルマを呼び止めて乗る方式である。といっても走っているタクシーの数は極端に少なく、ようやく来たと思ったら既に客が乗っていたりして落胆する。

ボーッと突っ立って待っていてもいつまで経っても乗れそうにない。かといって、アグレッシブな中国人と空車を奪い合う自信もない。

仕方ないのでタクシーはあきらめ、思いきってバスに乗ってみることにした。

ターミナル前の道路を路線バスが走っていた。近くにバス停も見つけたので、やってきたバスに適当に乗車する作戦である。

作戦というと聞こえはいいが、バスのルートや行き先などもまったく分からない。完全に当てずっぽうだが、ちょっとした探検気分も味わえ、なかなか楽しいかなあと考えたのだ。

バスは乗車時に運賃を支払う。金額さえ分からないが、前の人が一元札を一枚入れていたので、自分もそれに倣って一元札を投入した。

スマホで現在地を確認しながら古城のそばまで来たら降りればいいだろう、と企んでいた。狙い通り、バスは少しずつ古城へと近づいていくが――。

――あれれ？

バスが停車し、乗客が一斉に席を立った。ターミナルを出てからは十分も走っていない。とくに特徴のようなものもない普通の道端なのだが、どうやらこのバスはここが終点のようである。

うーむ、作戦失敗。

古城まではまだ結構距離がある。結局タクシーに頼ることにした。バスを降りたところに運良く空車が走ってきたので呼び止めて乗り込んだ。スマホの画面に宿の情報を表示させて運転手に見せると、メーターではなく十五元だという。そう言われても、高いのか安いのか判断がつかない。

宿は見つけにくい場所にあるのか、運転手は道に迷っているようだった、僕のスマホを再度確認し、それでも分からなくて、載っていた宿の番号に電話をかけたほどだ。最終的には宿のスタッフが近くの車通りまで出てきてくれ、なんとか辿り着けたのだった。

出迎えてくれたスタッフの男は、僕の荷物を持ち、宿まで案内してくれた。口数こそ少ないが、フレンドリーな雰囲気が感じられる好青年だ。

英語が通じるのもありがたい。チェックイン時には、こちらから訊ねる前から旧市街の地図を広げて、見どころなどを一通り説明してくれ、美味しいレストランの場所に丸印を付けてくれた。さらには、

「明日はどうしますか？」

一泊だけの予約だったのでそう質問された。

「明日にはもう飛行機で湖南省を発つんです」

と伝えると、空港行きのタクシーを手配しましょうかと言う。

乗りかかった船とばかりに、僕はお願いすることにした。

放置プレイではなく、客の身になって世話を焼いてくれる。空港までの移動手段は実は懸案事項だったから、あっさり解決してホッとした。お陰で後顧の憂いもなくなり、思う存分

この街での滞在を満喫できそうだ。

上海、武陵源と五つ星クラスの大型ホテルを渡り歩いてきたが、鳳凰ではうって変わってエコノミーな宿である。一泊五千円以下。部屋数も少なく、個人経営のゲストハウスのようなところだったが、アットホームな感じがこの街の雰囲気に合っている。

何より良かったのがテラスからの眺望だ。目にした瞬間、おおっと思わず声に出た。宿は車通りから階段を上がった高台に位置しており、鳳凰古城の街並みを眼下に望める。統一感のある瓦屋根の建物が立ち並び、河が流れている。部屋のクオリティこそ前日までと比べて落ちたが、それも気にならないほど素晴らしい眺めだった。

部屋に荷物を置いて、すぐさま散策へ出か

ホテルのテラスからの眺め。角度的にも文句なし（電線は惜しいが）。

けることにした。時計を見ると間もなく十五時になろうかという時間だった。

旧市街は狭い路地が入り組んでおり、自動車が進入できない道も多い。タクシーの運転手が迷っていたぐらいだし、地元の人でも難解なのかもしれない。

「街の中心がこの橋の辺り、宿からは五分ぐらいです」

まずは宿で教えられた通りに橋を目指した。「虹橋」という名前が付いている。訳すとレインボーブリッジか。なかなか素敵なネーミングだ。

そもそも、鳳凰という街の名前からして心惹かれるものがある。これまた訳すとフェニックスである。一度聞けば忘れない、インパクトの強い名前だ。

鳳凰古城は沱江という河に沿って建てられた街で、ところどころに両岸を結ぶ橋が架けられている。虹橋はそのうちの一つであり、街のランドマーク的存在になっている。古めかしい外観の橋は、時代がかった街並みと一体化しており美しい絵画のようだ。

橋といっても、通路があるだけでなく、それ自体が建物になっていて屋根の付いた渡り廊下のようだ。中は結構広くて、小さな土産物屋やカフェなどが営業していた。アーケードの商店街のような雰囲気だ。

この日は朝から長距離バスで移動したりして昼食を取る暇がなかった。到着したら何かお腹に入れようかと思っていたのだが、古城の美しさに見惚れているうちにそれどころではなくなってきた。

「ご飯なんか食べている場合ではないのだ！」

旅をしていると、たまにそういう瞬間が訪れるのだが、このときはまさにそうだった。古城を歩き始めて間もなくして、それまでは雲に覆われていた空から光がこぼれ始めたことにも歓喜した。都合良く解釈するなら、まるで僕の到着を歓迎してくれているかのような絶妙なタイミングだった。

どこを切り取っても絵になる街である。数歩進むごとに絶景が現れるから気を抜く暇もない。カメラのメモリー容量がぐんぐん減っていく。

「中国で一番きれいな古城」

かつてニュージーランド人の著名な作家がこの街をそう賞賛したという。広い中国だから簡単に一番とは断言できないが、少なくとも僕自身がこれまで目にしてきた古城の中でもダントツでナンバーワンだ。

テーマパーク化した歴史村のようなところではなく、正真正銘ホンモノの古い街が現存している。単に美しいだけでなく、トリップ感が強いところが僕好みだと感じた。異世界に迷い込んだような驚きが得られる街、とでも言えばいいだろうか。

こういう街では、気の赴くままに歩き続けるのが正解だ。仮に迷子になってしまっても、それはそれで楽しい。同じところを何度もぐるぐる行ったり来たり。でも、二周目は二周目で、三周目は三周目でそれぞれ違う発見がある。体力の続く限りこのまま何周でもできそうだ。

ちなみに以前は入場料を取っていたそうだが、このときは無料化されていた。観光客が増え続けており、世界遺産候補とも目されているから、これからますます発展しそうな勢いを感じた。ホテルなどの施設が整えば便利になる一方で、開発し過ぎるとこの昔ながらの風情が失われてしまう懸念もある。行くならやはり早い方が良さそうだ。

運河に沿って設けられた遊歩道をのんびり進んでいくと、土産物屋からジャンベを叩く音が聞こえてきた。その音色に聞き入っていると、やがて目の前の運河を小舟が通り過ぎて行った。まるで映画のワンシーンのようだ。

見慣れない服を着た女性たちが往来を行き来しているのも気になった。このあたりは少数民族エリアで、ミャオ族やトゥチャ族が数多く暮らしているのだという。花柄の原色の服に、頭よりも大きい巨大な帽子という摩訶不思議な出で立ちで闊歩している様が、街の異世界感をさらに強めている。

ローカルの人たちだけでなく、少数民族のコスプレをした観光客が多いのもなんだか微笑ましい光景である。貸衣装のサービスが幅を利かせているようで、あちこちから勧誘の声がかかる。そこら中で撮影会が開かれているので、ついつい歩を休めて見入ってしまう。

時代がかった古城の街並みがモノクローム調であるせいか、原色の派手な民族衣装が余計に目立って見える。まるでそこだけパッと花が咲いたようで、観察しているこちらも心が華やぐほどだ。

そうこうするうちに本格的にお腹が減ってきて、ようやく昼食タイムとなった。といっても、もう夕方の五時近くである。ランチというにはあまりにも中途半端な時間だから、サクッと食べられる麺料理で小腹を満たすことにした。

実は密かに気になる料理があった。「米粉」である。湖南省ではソウルフードのような存在だそうで、そこら中でこの二文字を見かけ

異世界へ迷い込んだような気分に。川面に映り込む様もまた美しい。

たのだ。

「お米の……粉？」

漢字の意味をそのまま訳すと正体が掴めないが、米粉というのはお米でできた麺のことをさす。要するにビーフンである。

いかにもアジアらしい麺料理と言えるかもしれない。小麦ではなくお米でできた麺が主食化している国は多く、アジア派の旅人としてはこれまでも頻繁にお世話になってきた。たとえばタイならばクイッティオ、ベトナムではフォーと呼ばれるお米の麺が広く食べられている。麺の太さや食感、味付けなどに違いはあるものの、いずれもビーフンの一種である。

湖南省はあの毛沢東の故郷でもあり、湖南料理について調べていると「毛沢東が愛した味」といったキャッチコピーをよく目にする。氏も米粉を食べていたのだろうか。まあでも、どちらかといえば庶民派の料理ではある。それこそ屋台で食べるのが似合いそうな一品と言えるだろう。

古城内を散策する中で、なんとなく目星をつけていた「鳳凰姑娘」という米粉の専門店に入った。ファストフード風の店構えだったから、ひょっとするとチェーン系のレストランなのかもしれない。

店選びの際には、写真付きのメニューを掲げていたのが決め手となった。言葉の分からない外国人としては、ビジュアルで選べるのはやはり画期的だ。

写真付きメニューの店では、自分なりに頼み方のコツのようなものもある。注目すべきは、写真のサイズだ。大抵はその店の看板メニューや、イチオシの一品ほど大きく掲載されている。何を頼めばいいか分からない場合には、それら大きい写真のメニューを選んでおけばまず失敗しない。

この店でも写真が最も大きかった「苗家酸辣魚粉」を注文してみた。といってもこれならば仮に写真がなかったとしても漢字から内容が想像できそうではある。苗家というのはミャオ族のことだし、酸辣、すなわち酸っぱくて辛い、魚入りのビーフンということになる。

この酸っぱくて辛い味付けというのは、湖南料理の特徴でもある。タイ料理のトムヤムクンなどにも通ずるものがある。個人的にはストライクゾーンのど真ん中といっていいほど好みの味つけだ。

酸辣と聞くと、「酸辣湯（サンラータン）」を思い浮かべる人もいるだろう。東京には酸辣湯の専門店がいくつかあって、僕もたまに食べに行く。日本ではとろみがかったすっぱ辛い中華風スープのラーメンとして認知されている。担々麺の店で出てくることも多く、なんとなく四川料理のイメージでいたのだが、実は酸辣湯は元を糺せば湖南料理なのだという。

僕が注文した苗家酸辣魚粉は、つまり酸辣湯の一種というわけだ。本場ではラーメンではなく、ビーフンで食べる。この店では中太の丸麺で出てきた。濃い茶系のスープの上に、青唐辛子が姿を現している。

一口食べて――ほっぺたが落ちそうになった。辛い、とびきり辛いのだが、辛さに加えて酸味が効いており奥深い味が形成されている。こ、これは衝撃的な美味さである。元々麺料理は大好物で、とくにアジアの旅を通じてあらゆる種類のものを食べてきた自負があったが、初めて出合う美味しさに打ちのめされた気分だった。

麺料理にしては具だくさんであることも特筆すべきだろう。メインの白身魚のほか、さらにはザーサイがたっぷり入っている。小腹を満たすだけのはずが、完食したら満ぷくになってしまった。ああ、幸せなり。

日本式の酸辣湯とは別物だが、これはこれで病みつきになりそう。

それにしても、湖南料理やばし――である。

こんなにも自分好みの料理が世の中にあったとは！　と打ち震えた。

来るまでは完全にノーチェックだったが、早くも病みつきになりそうだ。


日が落ちてくるにつれて、街は徐々に賑わいを増していく。それもそのはずで、鳳凰古城が本領を発揮するのは夜なのだ。ぼんぼりに明かりが灯り、古式ゆかしい建物が輪郭ごとライトアップされ暗闇に浮かび上がっていく。気がついたときにはもう、幻想的な世界に様変わりしていた。

古城散策、第二部のスタートである。昼に何度も通った道が、夜になるとまったく違って見える。絶景度でいえば、昼よりも断然夜が上という感想を持った。日中の風景が九十点だとしたら、夜景は百二十点ぐらい付けたいほどだ。

「三脚を持ってくれば良かったかな」

と写真好きとしてはほんの少し後悔したが、ライトアップの光量が強いので手持ちでも案外問題なく撮影できる。撮って、撮って、撮りまくった。

「来年の年賀状はこの写真かな」などと独りごちたりもした。

年賀状のデザインには前年に旅先で撮った写真の中からとくにお気に入りのものを選ぶの

だが、鳳凰古城の美景はそれほどまでに素晴らしいものだった。

もちろん、ファインダー越しではなく、肉眼でもしっかり堪能した。ウットリして何度もため息をついた。なんだか悔しいなあと、嫉妬の感情さえ抱いたほどだ。都会のイルミネーションでは絶対に再現不可能な、伝統ある街並みならではのノスタルジックな夜景に心酔する。

来て良かったなあ、としみじみした。


鳳凰古城は観光地だけあって、物価は全般的に高い印象も受けた。

たとえば、小休止をしようと立ち寄った運河沿いのカフェでのこと。メニューを開いたらコーヒーの一番安いもので一杯四十元もするのでおののいた。苗家酸辣魚粉でさえ値段は二十元だったのだ。うーん強気だなあ。ページをそっと閉じてそのまま店を出ようかと思ったほどだ。

結局、青島ビールが三十元とコーヒーよりも安かったので、コーヒーはやめてビールを頼んだ。飲むつもりはなかったのに、こうして今日も成り行きでアルコールタイムへと突入してしまうのだった。

運河に面したテーブル席に座り、ノートPCを広げた。すぐ目の前の河を小舟がゆっくりと流れていくさまをチラチラ眺めつつ、テキストエディタで日記を書いていく。かれこれもう十年近く続けている、旅行中の日課であり、幸せなひとときのひとつだ。

旅をしていると、不思議と次々とアイデアが浮かんでくる。自分の場合、新しい企画の多くは旅行中に生まれている。旅は所詮は娯楽のひとつにすぎないとは思うけれど、結果的に人生に何らかのプラスの作用をもたらすのも確かだ。

酒が入ったせいか、日記の内容は少し感傷的なものになった。一人旅だと思索に耽りがちだ。

スマホをモバイルバッテリーに繋いで充電しようとすると、画面にウィーチャットの通知が表示されていた。旅仲間のミッチャンからだ。

「明日はどんな感じですか？」というメッセージ。

ミッチャンは広東省の深圳に駐在しており、この旅の途中で会う約束をしていた。僕自身は鳳凰を出た後は広州へ飛び、最終的には香港から日本へ帰国する予定である。深圳は広州や香港からは目と鼻の先の距離だから、せっかくなので合流しようと話し合っていたのだ。

旅をしていると、同じ志を抱く仲間との出会いの機会も得られる。彼と最初に出会ったのは南米のアルゼンチンだった。以来もう十五年の付き合いになる。

「お昼前には広州に着く予定だから、早ければ午後には会えるかな？」

「そうしたら夕方に落ち合いましょう。飛行機、時間通りに飛ぶことはまずないので。たぶん、二時間は遅れると思います」

いやはや、在住者らしい鋭い読みである。中国の国内線のフライトスケジュールがアテにならないことは僕自身も身に染みているが、改めてそう脅されると不安になってくる。

どうか、あまり長時間は遅れませんように——なかばあきらめの境地で祈りながらその日は眠りについたのだった。

（九）食は広州にあり、は本当か

散歩がてら朝食を探しに街へ繰り出すと、昨晩の喧噪が嘘のように街は静まりかえっていた。車が入れない古城内の遊歩道は人の姿もまばらで、美しい風景をほとんど独り占め状態である。空には薄く靄(もや)がかかっており、それがまた古城の絵のような街並みをドラマチックに演出している。

朝の七時前。商店は軒並みシャッターを下ろしているが、幸いにもいままさに開店準備を始めましたといった雰囲気の食堂を見つけた。店主と思しき男に、手で食べるジェスチャーをして訊いてみると、席に座るよう手招きされる。

店頭に置いてある鍋を指差し、蓋を開けて中を見せてもらうとお粥が入っていたので、とりあえずこれを注文する。さらにはフッと思いついて、

「ヨーメイヨーパオズ？」

と男に質問してみた。漢字で書くと「有没有包子」。包子はありますか？　という意味の中国語だ。発音にはあまり自信はないが、シンプルなフレーズなので比較的通じやすい。

「ヨー」男は頷いた。ある、という答えだ。

予想通りだった。中国のローカル食堂で朝ごはんといったら、包子は定番中の定番メニューであり、きっとあるに違いないと踏んだのだ。包子というのは肉まんのことであると、確か天津のくだりでも触れた。あの店は高級店だったが、本来は庶民の食べ物である。

鳳凰のこの店では、二口サイズぐらいの包子が六つ入った蒸籠が出てきた。めらめらと湯気が立ち上っており、見るからに出来たてといった見た目で涎が出そうになった。

こうして適当に入った、なんてことはない食堂でも、普通に美味しい食事にありつけるところはこの国の素晴らしいところだと思う。お粥と包子でしめて十五元だった。申し訳なくなるほど安い。朝から美味しいものを食べられると、いい一日になりそうな手応えを覚えるのだった。

腹ごなしを済ませ、宿へと戻っていくと、階段の途中に犬が立ち塞がっており僕と目が合った。これが野犬だったら震え上がるところだが、僕はこの犬を知っていた。泊

これぞ中国の朝ご飯。気取らない食堂で味わう素朴な包子が嬉しい。

まっている宿の飼い犬である。

　向こうも「こいつはうちのゲストだ」と分かったのかもしれない。犬の横を通り過ぎてさらに歩を進めると、僕の後ろにぴったりくっついてきた。結局、その犬とそのまま宿まで一緒に戻ったのであった。

　宿ではチェックインのときに応対してくれた若者が、僕が帰ってくるのを待っていてくれた。空港行きのタクシーをお願いしていたのだが、しっかり手配してくれたようだった。部屋から荷物を運び出して、鍵を返すと、

「そうしたら、出発しましょうか？」と先導してくれた。

　彼に着いて車通りまで出る。すると、路肩にセダンが一台停まっていた。外観はいたって普通の車で、タクシーには見えないが――どうやらこれで送ってくれるらしい。僕の荷物をトランクに積むと、若者はそのまま運転席に乗り込んだ。なんと彼自ら運転するようだ。タクシーというよりは、宿の送迎サービスみたいな感じなのだろう。もっとも、無事目的地まで連れて行ってくれるのならこちらは文句はない。

「そういえば、さっきワンちゃんが宿まで案内してくれたんです。頼もしいガードマンでしたよ」

　車内での世間話を兼ねて、先ほどの一件を彼に報告してみた。自分の飼い犬を褒められた

のは嬉しかったのだろう。

「二匹とも見ましたか？　大きい方がお母さんでアルマオ、子どもがシャオマオって言うんです」

無口な彼が相好を崩して、饒舌になったのが印象的だった。

湖南省へは張家界空港から入ったが、この日利用するのは銅仁空港である。失礼ながら、マイナーな空港と言っていいだろう。僕自身もその存在を初めて知ったほどだ。ここは正確には湖南省ではなく、隣の貴州省に位置するのだが、省境に近い鳳凰の最寄りはこの空港になる。

最寄りといっても、車で一時間近くはかかる。道中はちょっとしたドライブ気分だ。基本は山道だが、景色が単調なのと、揺れが気持ちいいのとで乗っていると段々眠くなってくる。

やがて辿り着いた銅仁空港は、こんな辺鄙なところになんで？　と訝るほどに立派で近代的な空港だった。貴州省というと奥地であり、中国のラストフロンティアのようなイメージでいたから意表を突かれた。

「最近建て替えたばかりなんですよ」

と宿のスタッフ兼運転手の若者が教えてくれた。

見るとまだ工事が完全には終わっていないようで、ところどころ幌がかかっており、作業用の車両なども停まっている。まさにいま出来たばかりとでもいわんばかりの雰囲気に目を瞬かせながら車を降りた。

真新しい空港だからなのか、スタッフも妙に若い人が多くて、テキパキと動き回っていることにも驚かされた。ほとんど列に並ぶこともなく搭乗手続きが完了し、荷物検査を終えたらもう搭乗口だった。発着便が少ないローカル空港なので、待合室にいるのは全員同じ便の乗客だ。

「二時間は遅れますから」

と在住者に言われ覚悟していたが、これまたビックリすることにほぼ定刻通りに飛行機は出発した。雨でも降ったりして……と逆に怖くなった。

広州に到着したら、まるで別の国へワープしたような錯覚に陥った。

中国屈指の大都市である。あらゆるものが都会的で洗練されており、物珍しさからついキョロキョロしてしまう。人の多さにも戸惑った。単純に人口が多いだけでなく、人と人との距離が近いというか、空間密度が濃いというか。

超が付くほど巨大な空港の、まるで宇宙ステーションのような雰囲気のトンネルを進んだ先に地下鉄の乗車駅があった。とりあえずは市内へ出ようと切符を買おうとすると、五元札と十元札しか使えない。オロオロしながら窓口に並んで両替してもらったりしているうちに、どんどん時間が過ぎていく。

今朝までいた鳳凰とは文明レベルが違い過ぎて、すぐには対応できない。田舎から上京してきたお上りさんのような気持ちになった。

地下鉄の車内でも予想外の展開があった。どこからともなく若者の一団が列になって現れ、乗客に順にチラシのようなものを配っていったのだ。

ナンダナンダと呆気に取られながら、僕も一枚もらってみた。見ると地下鉄の路線図が印刷されており、余白のスペースに広告が掲載されている。なるほど、いわゆるフリーペーパーのような存在である。

路線図というところが、なかなかよく考え

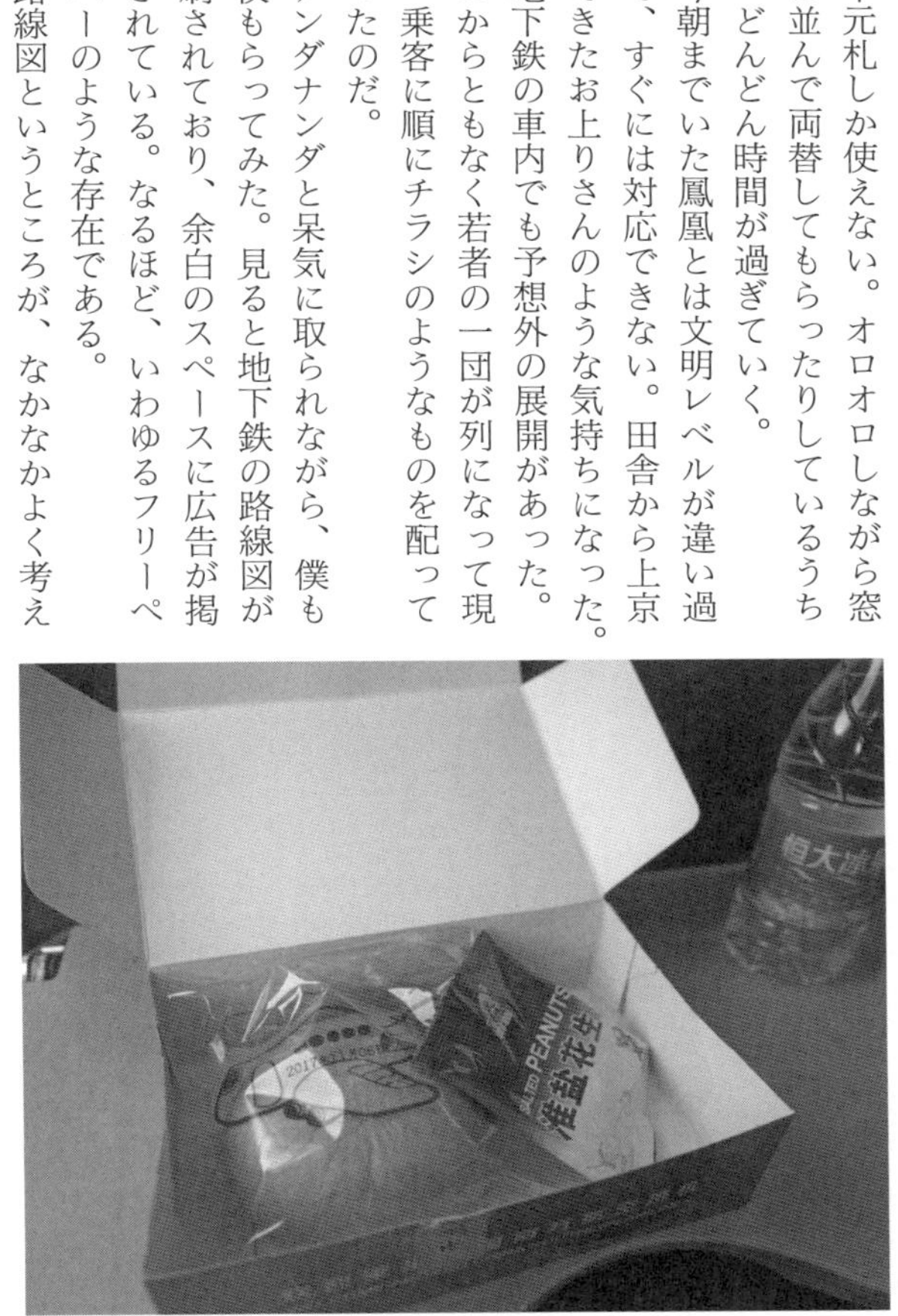

中国では国内線でも軽食が出る。内容はともかく、とにかく出る。

られている。空港に着いたばかりのお上りさんにとってこれほど実用性が高いものはない。

スマホ決済やらシェア自転車やら、画期的なツールを次々と生み出していく最近の中国のバイタリティに感心させられていたが、一方でこういうアナログな手法でもアイデアが光る。人海戦術は元々彼らが得意とするジャンルだ。若者たちはチラシ配りのアルバイトだろうか。

北京や上海同様、ここ広州でも地下鉄の乗客はほぼ全員スマホの画面とにらみ合っている。そのせいで車内は妙にシーンとしている。あれほど煩かった中国人がスマホのお陰で静かになった。かつては公共の場でも人目を気にせず、怒鳴るように喋る人たちに眉をひそめたものだが、それももう昔の光景だ。

彼らに倣って自分もポケットからスマホを取り出した。すると、ここで重大な問題が発生した。なぜかネットに繋がらないのだ。

最初はアプリのエラーを疑ったが、別のアプリもすべて使用できなくなっている。おかしいなあと首を捻っていると、SMSを受信した。SIMカードのキャリアからのメッセージで、通信容量が上限を超えたと書かれている。

ガーン。上限は二ギガバイトだ。そんなに使った覚えはないのになあ……。

まだ使いたいのならリチャージするように、とのこと。料金は百香港ドルだという。北京旅行のときと同様、今回も香港の携帯会社のSIMカードをAmazonで買って、ローミング使用していた。

すぐにでもリチャージしたいが、香港ではなく中国にいるためチャージはオンラインでしかできない。つまり何らかの手段でスマホをネットに接続しなければならないのだが、こういうときに限って地下鉄での移動中だったりする。

この旅始まって以来、最大のピンチが到来した。そう言うと大げさかもしれないが、現実問題スマホがオフラインだと何もできないのだ。

この日は夕方に深圳でミッチャンと落ち合うことになっている。宿も広州ではなく深圳市内のホテルを予約していた。つまり、これから深圳へ移動しなければならないのだが、ネットが繋がらないと高速鉄道の切符の予約ができない。そもそも高速鉄道にどこから乗ればいいのかさえまだ調べていない。

なんとか深圳まで行けたとしても、今度はホテルの場所が分からないし、よく考えたらホテルの名前すら覚えていない。ミッチャンとの連絡手段もウィーチャットのみで、電話番号なども知らないから待ち合わせも不可能だ。

愕然としてしまった。羽をもがれた鳥になった気分だった。

スマホはもはや旅に欠かせないものになっている。接続が切れた途端に、旅の続行が危ぶまれるほどである。

このときはランチスポットを目指していた。狙いを定めたレストランがあって、幸いにもそこへの行き方までは調べてあったからネットなしでもなんとかなる。とはいえ、できれば店へ入る前にリチャージを済ませたい。

「どこかにWi-Fiがないかなあ」

と独りごちながら、駅を出た。するとなんと目の前にスタバを見つけた。

なんというラッキー。これぞ天の助け、と歓喜した。スタバならきっとWi-Fiが入っている。

ラテを頼んで、いそいそと席に着く。ネットワークの一覧にスタバのWi-Fiを見つけ安堵したのも束の間、接続しようとして青くなった。ログイン画面が表示されたのだが、携帯電話での認証が必要で、しかも中国国内の携帯番号がないとダメらしいのだ。ダメ元で自分の番号を入力してみたが、香港SIMだとやはりNGのようだった。つ、詰んだ……。

こうなるともうどうにもできない。あきらめて先にご飯を食べようとレストランへ向かうと、幸いにもレストランにフリーWi-Fiが入っていた。

料理を注文するのも後回しにして、まずはリチャージを試みる。

画面の表示が中国語のみだったが、漢字から意味を類推しながら必要事項を入力し、クレジットカードで決済する――やった、上手くいった。無事接続が復活したのだった。これにて一件落着である。

気を取り直してようやくメニューを開いた。

といってもペラ一枚の用紙に漢字の料理名が一覧になっているだけの簡素なものだ。それぞれの料理名の横にボックスがあり、頼みたいものに客が鉛筆でチェックを入れていく方式になっていた。

こう書いただけで、勘の鋭い人なら想像が付いたかもしれない。

実は飲茶の店に来ていた。客が自分で伝票を記入するのは、飲茶の店でよくある形式である。店の名前は「広州酒家（こうしゅうしゅか）」という。広州では有名なレストランの一つだ。我ながらミーハーだなあという自覚はあるが、外したくない気分のときは王道の店を攻めるのは我が旅における定石の一つだ。

店内には毛筆で「食在広州」と書かれた額縁が飾られている。それを目にして静かにおおっと興奮した。日本語に訳すと、「食は広州にあり」となる。言わずと知れた名言の一つだ。

そういえば、「四本足のものは机以外、飛んでいるものは飛行機以外何でも食べる」などというこれまた有名なフレーズがあるが、あれも広東人の気質を表すものだという。もちろん冗談の類いなのだが、それだけこの地の食文化が豊かであるということなのだろうと解釈もできる。

　日本にある中華料理屋で一番多いのは広東料理の店なのだと聞いたことがある。理由は単純で、いわゆる華僑の人たちは広東省出身者が大半だからだ。さっぱりとした味付けは和食に馴染んだ日本人の口にも合う。

　中でも飲茶はとくに日本人好みの料理だと思う。いや、料理という表現だと語弊があるか。読んで字の如くだ。飲茶の店では、席に着くとまずはどんなお茶を飲むかを尋ねられる。食いしん坊としては飲茶＝点心という思考になりがちだが、本来は「お茶を飲む」ことが主目的なのだ。

　とはいえ、頭ではそのことを理解しているものの、こうしてお店へ来るとどうしても食欲が優先される。お茶で一服するよりも、美味しい点心を腹一杯食べたいのが本音である。むしろお茶よりもビールを飲みたいのである。

　というわけで、お茶は一番手頃な十五元のプーアル茶で済ませ、そのぶん一人で頼むには多すぎるのではないかと思えるほど欲張って点心を多めに頼んだのであった。しめて百十七元。さすがは高級店、いい値段がする。

　どれも美味しいが、とくに絶品だったのは海老蒸し餃子だ。プリプリで柔らかい身が口の中で弾ける。酢醤油が合うし、そのまま食べても美味しい。いつも思うが、点心を食べるなら海老関係の品は鉄板だと思う。

広州酒家の本店は文昌南路にあるが、このときは体育中心駅そばのビルに入っている支店を訪れた。本店は結構混んでいるそうだが、支店は空いており快適だった。市内中心部から近い立地も魅力的だし、穴場と言えそうだ。

一通り平らげた後は、食休みをしながら、スマホで深圳行きの高速鉄道の時間を調べ切符を手配した。北京で天津行きの列車を手配したときと同じく、今回もシートリップというアプリを使った。あまりにスマホに頼り過ぎると、先ほどのように繋がらないと途端に無力化してしまうのだが、そうは言ってもこれだけ便利だとやはり手放せないのも正直なところだ。

列車が出る広州東駅まではすぐなので、三十分後に出発する便でも間に合いそうだったが、念のためその十二分後の便を選んだ。予想した以上に本数が多く、便と便の

飲茶では腸粉を必ず頼む。米粉の生地で具を包んで蒸したものだ。

時間間隔が短い。

座席は一等にしても良かったが、三百円差をケチって二等にした。所要時間が一時間ちょっとと短いから、二等でも十分だ。

広州東駅では、深圳行きのみ改札やホームが専用になっていた。荷物検査を受け、出発直前までロビーで待機する。飛行機に乗るときと同じようなこの流れにももうだいぶ慣れてきた。

深圳への到着時間が確定したので、改めてミッチャンと落ち合う段取りを打ち合わせする。

「ビールのみたい！」

ついでに、こちらのささやかな希望を伝えておいた。

実は深圳を訪れるのは初めてである。お隣の香港へは数え切れないほど来ているが、なぜか深圳は遠い存在でこれまで縁がなかった。

見知らぬ街はワクワクするが、一方で土地勘がないから最初はドキドキでもある。高速鉄道で到着した深圳駅はこれまたとびきり巨大で、どこへ行っていいか分からず右往左往した。

「ああ、大都会だなあ」

とため息が出る。ますますお上りさんモードが加速した。

そんな田舎から出てきたばかりの人間を狙い撃ちにしているのかもしれない。深圳駅から歩いてすぐの羅湖（らこ）駅から地下鉄に乗り換えようとしたときのことだ。切符の券売機のところで、怪しげな男に絡まれた。

僕は機械にお札を投入しようとしていたのだが、なぜか読み込んでくれなかった。その様子を見て、

「これは十元札しか使えないんだよ」

と男は教えてくれた。その時点では僕もただ単に親切なおじさんなのかなあと油断していた。お礼を言って、財布から十元札を取り出し切符を買ったら――男は横から手を出してきて、機械からお釣りの硬貨をごそっと取り出し、その一部を自分の懐に入れたのだった。

あまりの早業に呆気に取られた。教えてあげたからそのお駄賃ということなのだろうか。数えてみると、男がくすねたのは三元だった。それぐらいならまあ別にいいのだけれど……まんまとしてやられた感じがしてちょっぴり悔しい。

これは中国に限らず、世界じゅうどこに行っても、日本でさえもそうだが、田舎よりも都会の方が危険度は高い。お気楽な海外旅行だけれど、運が悪いと、ときには痛い目にも遭う。改めて気を引き締めたのだった。

予約をしていたホテルは羅湖駅からはわずか一駅の国貿（こくぼう）駅が最寄りで、明日には香港へ移

動する身としては非常に便利な立地にあった。

「ホテルはどこかおすすめある？」

ミッチャンに訊いて、教えてもらった「粤海酒店(グゥアンドンホテル)」というところだ。日本から出張者が来るとよくここに泊まっていると言っていたが、到着して納得した。どうやら日本人向けのホテルらしい。レセプションでは日本語が通じるし、ロビーに併設された売店には日本食がずらりと並んでいる。中国にいることを忘れてしまうほどなのだが、さすがは駐在員らしいチョイスだなあとも感じた。

チェックインを済ませたら、そのミッチャンといよいよ合流する。ウィーチャットで到着を報せ、待ち合わせ方法を相談すると、近くの地下鉄駅のホームにしようということになった。レストランなどの改まった場所では

地下鉄に乗っていると、都会へ来たんだなあという感慨が湧いてくる。

なく、ホームで待ち合わせというところが我々のいい意味でざっくりとした関係性を表している。

彼は僕の旅仲間の中でも屈指の酒好きであり、一緒にいるとついつい飲んでしまうのもいつものことだ。世界一周の旅から帰国後は我が家にしばらく居候をしていて、その頃は毎晩のように飲み明かしたのを思い出す。だから、まずは乾杯をしようと、ミッチャンの行きつけというバーへ向かった。

「ここのアイピーエーが美味いんですよ」

とミッチャンが嬉しそうに目を細めた。アイピーエーって何？　と思ったら、「インディアンペールエール」の略なのだという。ふむふむ、そんな風に略するのね。

お目当てのレストランがあいにく満席だったので、順番を待つ間に一杯やろうという主旨だったのだが、気がついたら一杯どころか何杯もぐびぐびしてしまった。そのせいで長居しすぎたのかもしれない。すっかりいい気分になってレストランに到着すると、我々の番はとっくにすぎていて、再度待つ羽目になってしまった。

「中国でいま流行っている話題の店を」

と、食事場所に関してミッチャンにリクエストを出していた。

せっかく在住者と行くのだから、観光客向けの店ではなくローカルに人気の店へ行きたかった。それも、深圳のような都会にいるわけだし、いまどきの中国らしい店がいい。例を出すなら海底火鍋や喜茶のような、何時間も行列ができるような話題性のあるところで、さらには広東省らしさも感じられるところだとベストだ。

そんな僕の意図というか、ワガママを汲み取ってくれたのか、ミッチャンはなかなか素敵なところへ連れて行ってくれた。「汕頭八合里海記牛肉店」という名の牛肉鍋の店だった。

汕頭（さんとう）というのは広東省の街の名前である。牛肉鍋はこの汕頭市や、隣接する潮州（ちょうしゅう）市周辺で生まれた料理で、いま中国各地で流行っているのだという。いわばご当地グルメであり、これもまた広東料理の一種と言えそうだ。

店の入口はガラス張りで、調理場が見えるようになっていた。シェフが肉を部位ごとに切り刻んでいる様が丸見えで迫力たっぷり。アジアの市場へ行くと大鉈（おおなた）を振るって肉を解体している光景に出くわすが、あれを想像するといいだろうか。

メニューを見ると、牛肉の部位だけでなんと三十もの種類が載っていた。「牛舌」「牛尾」といった文字だけで内容が想像つくものから、「匙柄」「熟板筋」など見当が付かないものまでさまざまだ。それらをしゃぶしゃぶのようにして食べる。もちろん野菜も頼めるが、メインは肉である。多種多様な牛の部位を、一つの鍋で味わう趣向の店というわけだ。

おもしろいのが、鍋を食べる際のタレがセルフサービスになっていること。専用カウンターにタレの材料が並べられており、ニンニクを多めに入れようとか、辛めの味付けにしようとか、各自の好みでカスタマイズすることができる。

「海底火鍋でもこれとまったく同じシステムだったわ」

とミッチャンに言うと、最近の鍋系の店ではよくある方式なのだという。

それにしても、鍋料理というのは気楽でいい。一人では入りにくいから、なおのこと連れがいることのありがたみを覚えたりもした。「ぼっち鍋」も嫌いではないのだ、などと負け惜しみのようなことを重ね重ね言ってきたが、気心の知れた仲間と一緒に囲む鍋の方がいいに決まっている。

ビールの瓶がぐんぐん空いていく。シメの

豪快な盛り付けのお肉の登場に目を輝かせた。見るからに新鮮そうだ。

麺までしっかり食べて、満ぷくになりながら店を後にした。千鳥足でタクシーに乗り込んだら、手持ちの中国元が全然なくてかなり焦った。運転手がウィーチャットペイでもいいというので、スマホでピッと支払って日本人宿に帰ったのだった。


明けて翌日が、この中国の旅の最終日となった。

朝食は散歩がてら羅湖まで歩いて、「丹桂軒」という店で食べた。深圳では有名な飲茶の店である。昨日に引き続き二日連続で飲茶となるが、それもまた広東らしくていいだろう。装いこそ高級店ながら、飲茶ならば気軽に楽しめるのもポイントだ。この店でも広州酒家と同様、自分で注文票にチェックを入れてオーダーする方式になっていた。焼売や腸粉（ちょうふん）などお馴染みのメニューを何品か頼んで、計七十三元だった。広州酒家と比べるとコスパに優れる印象だ。

朝ご飯を楽しみつつ、この日どうするかのプランについて脳内で一人作戦会議を行った。日本へ帰国する飛行機は十八時十五分香港発の、香港エクスプレス航空である。ＬＣＣだから少し早めに行くとしても、夕方の便なので日中それなりに滞在時間が確保できるスケジュールだ。

――早々に出国して香港を楽しむか。

――それとも、ギリギリまで深圳を満喫するか。

選択肢はこの二択だったが、僕は後者を選んだ。以前の僕なら香港に惹かれた気がするが、いまはもう中国大陸の方が気になるというか、このときはむしろ一秒でも長く大陸にいたい気持ちだった。

北京を訪れる前の自分とはまったく別人のような思考だなあと思った。前にも書いた気がするが、この国は旅すればするほど、おもしろくなっていく。中国旅の魅力はスルメにも喩えられそうだ。

「世界の工場」として急速に発展を遂げた深圳は、中国でも屈指のユニークな都市である。現在はハイテク企業が集まり、「中国のシリコンバレー」と呼ばれるまでになったと聞いて興味を募らせていた。

たとえば、自分も散々お世話になっているウィーチャットのサービスを提供する騰訊（テンセント）などもここ深圳に本社を置く。ちょうど今回の旅とほぼ同じタイミングで、同社の時価総額がフェイスブックを超え、世界第五位になったという報道が流れた。ちなみに一位はアップルで、以下アルファベット（グーグルの持ち株会社）、マイクロソフト、アマゾンと続く。錚々（そうそう）たる顔ぶれに並ぶまでに中国の企業が大躍進を遂げた。深圳はそのお膝元というわけだ。

そんなハイテクな都市だからこそ、個人的にぜひ行ってみたい場所があった。華強北路の電脳街である。デジタル系ガジェット好きにはたまらないスポットと言えるだろうか。いわゆる秋葉原のようなところだが、規模としてはアキバを遥かに凌ぐ。いまや世界最大の電脳街なのだという。

勢いのある街というのは、その場に身を置くだけで漂う空気さえも違って感じられる。到着してまず、「やばい」と直感的に思った。「やばい」にも色んな意味があるが、肯定的なニュアンスでの「やばい」である。

駅の最寄りのビルの中へ入ると、一階の広いフロアの隅々までがパーツ類を売る小さな店で埋まっていた。ＩＣチップや基板といった、素人目にはその価値が判断できないよう

華強北路に立つモニュメント。世界最大の電脳街へ来た感動に浸る。

な商品がほとんどである。かつての秋葉原を彷彿させた。「萌え」の街に生まれ変わって久しいアキバだが、昔はこういう店がそこらじゅうにあったものだ。

エスカレーターを上がると、ようやくスマホやタブレットなどの一般人にも馴染みのある商品が並ぶフロアに変わった。ドローンやバランススクーターといったイマドキの商品も数多く並んでいる。入口から近い下層フロアは売場としては一等地になるはずだが、完成品ではなく部品を売る店が幅を利かせている事実が興味深い。

要するに、ここはそういう街なのだ。中国国内はもとより、世界じゅうからその道のプロが集まってくる。僕が訪れたときにも、バイヤーと思しき欧米人がパーツ店で値段交渉をしている光景に出くわしたりもした。

世界各地、とりわけアジアの都市部では「〜のアキバ」と形容される電脳街にたまに出くわす。といっても、特定の商業施設がその手のショップで埋まっているだけというケースが大半で、実態としては「電脳街」というよりは「電脳ビル」と呼んだ方がしっくりくることが多い。

深圳の電脳街に関しても、同様に電脳ビルの形式が主体となるのだが、そういうビルが一つではなく複数集まっているところがほかの街とは違う。個々の建物はとにかく巨大で、くまなく見て回るには丸一日あっても足りないほどだ。

想像を超える超弩級のスケールに息を吞んだ。

「なるほど、ここから世界のトレンドが生まれているのだなあ」

実際に目にしてみて、腑に落ちるものがあった。

ただ見て回るだけでも刺激的だが、もちろん買い物をする楽しみもある。サンディスク製のSDカードが安かったので一枚購入してみた。本物だと信じたいが、確証はない。電脳街では明らかにフェイクと思えるものや、人気商品に似せてつくったパチもんなども普通に売られている。

ちなみに購入の際には現金ではなく、やはりウィーチャットペイを利用する。というより、もはや現金を出すのが憚られる雰囲気だ。屋内でスマホの電波が弱かったが、店の人がWi－Fiに繋いでくれピピッと支払いを済ませた。

電脳街からは少し外れた場所になるが、深圳ではシャオミの旗艦店がオープンしたばかりだというので冷やかしがてら見に行ったりもした。中国のスマホメーカーであり、この旅の最初に上海で訪れたあのシャオミである。

全面ガラス張りで、店内はすっきりしたレイアウトになっている。上海店でも感じたが、深圳の新しい店はますますアップルストアに酷似していた。それもそのはずで、ここはなんとニューヨークの五番街にあるアップルストアを手がけた設計事務所に発注したものなのだという。オリジナルの製作者に作ってもらったわけだから、似ているに決まっている。こういう模倣の仕方もあったのか、と驚愕した。

上海のシャオミの支店で買おうとして、欲しいカラーが品切れだったモバイルスピーカーはここでもその色だけが在庫がなかった。迷ったけれど、旅の最後にいい土産になるだろうと結局ブルーで妥協した。

深圳ではシェア自転車も積極的に活用してみた。これまで北京や上海でも見かけたが、利用するのは初めてだ。いざ乗ってみるとこれが途方もなく便利で、もっと早くに利用すれば良かったと後悔したほどだった。

僕が登録したのは「Ｍｏｂｉｋｅ（モバイク）」という会社のシェア自転車だ。橙色（だいだい）のボディカラーは街中でもとくに目立つ存在で、密かに気になっていたのだ。シェア自転車はほかにも何社かあるが、モバイクは中国だけでなく日本でも札幌や福岡に上陸済みだそうで、アプリは日本語にも対応しているのが決め手となった。日本法人があって、決済も日本円で行われるから安心感がある。

料金は一回一元。ほとんどタダみたいな値段である。デポジットとして三千円を支払う必要があるが、解約すればこれは返ってくる。利用方法は非常に簡単で、自転車のハンドルやサドルに記載されているＱＲコードをアプリで読み取り、ロックを解錠するだけだ。返却時にはロックをかけると自動的にサービス終了となる。

日本でもシェア自転車を導入している自治体が近年増えているが、中国のシステムが決定的に異なるのはその利便性だ。煩雑な手続きなどは一切不要で、スマホのアプリさえあればいい。何より乗り捨て自由なのが大きい。専用ステーションのような決められた場所ではなく、好きなところで乗り降りできるのは画期的だ。

深圳では街のそこらじゅうに自転車が置いてある。まるで放置自転車のようにも見えるのだが、乗りたいと思ったタイミングですぐに見つかるから、利用者としては大変ありがたい。

実際に使ってみたことで、分かったこともある。

たとえば、自転車には広告目的と思しきQRコードを記載したシールがベタベタ貼られている。それも、利用するために必要なQRコードのすぐそばに貼ってあったりして紛らわしいことこのうえない。間違えて読み込んでしまいそうなのだが、業者の側もきっとそれを狙ってのことなのだろう。

またQRコードが汚れたりかすれたりしていて、上手く読み込めない自転車にも何台も出くわした。

「ほかの人が使えないように、コードを読めなくするのは常套手段ですね。通勤ラッシュ時などは奪い合いになるので、自分専用の自転車にしたいのでしょう」

とミッチャンが分析していた。コード自体は手元に控えておけばいい。姑息な手口だが、システムの裏を突くのが得意な国民性だよなあと感心させられもする。

シェア自転車に乗って移動していると、この街の住人になったような気がしてなかなか楽しい。最後に借りた自転車を、泊まっているホテルの前で返却したところでタイムオーバーとなった。荷物をピックアップして、深圳から香港へ向かう。

中国からの出国は深圳駅に隣接する羅湖口岸で行う。香港ではいまはパスポートへの入国スタンプが省略されたし、同じ中華圏だけあって風景のドラスティックな変化などはないから、国境を越えたという実感があまり湧かない。

シェア自転車にはカゴが付いており、荷物を載せられるのもいい。

強いて言えば、通貨が変わったことぐらいか。ＡＴＭで香港ドルを下ろそうとするとエラー画面になった。もう帰るだけなので百ドルだけ指定したのだが、この機械では最低五百ドル以上でないと引き出せないのだと書いてある。

しぶしぶ五百ドルに変更すると、五百ドル札が一枚出てきたからキーッと歯嚙みした。五百ドル札のような高額紙幣は使いにくいのだ。さっそく香港側のＭＴＲの券売機で五百ドル札が使えず躓いた。仕方ないので、近くの売店で飲みたくもない飲み物を買って崩す。

上水（じょうすい）駅で降りて、空港行きの二階建てバスに乗り込んだ。自分なりに調べたところ、深圳から香港の空港へ移動するにはこのルートが最も簡単そうだった。九龍（クーロン）半島の繁華街や香港島は華麗にスルーして一気に帰国する作戦である。十三時半に深圳のホテルを出発し、香港の空港に十五時四十五分に到着した。

飛行機の出発まで時間があったので、空港内で最後の食事を済ませる。

目指したのは「池記（チーケイ）」だ。有名な雲呑（ワンタン）麺の店で、空港でも制限エリア内のフードコードに出店している。街中で食べるより割高だが、帰る前に空港で味わえるだけで価値は大きい。

やたらと細くて弾力性の強い雲呑麺もまた広東料理の代表選手である。麺そのものよりも、スープに浮かんでいるプリプリの海老入り雲呑がたまらない。ついでに近くの別の店で生ビールも頼み、旅を無事に終えられたことを祝い一人静かに乾杯した。

　こうして、搭乗までのわずかな時間で旅の名残を惜しむのもまた幸福な時間だ。思えば今回も長いようで短い旅だった。上海にいたのがもうだいぶ前のことに思えてくるのは、毎日が充実していたからだろう。

　武陵源で大陸ならではのダイナミックな自然に触れ、鳳凰古城では古き良き時代に思いを馳せた。深圳のような新しい中国にも興奮した。多様な国なのだなあとしみじみする。それでも途轍もなく広大なこの国の、ほんの一部しか見ていない。

　──また来たいな。

　北京の旅を終えたときにも後ろ髪を引かれたが、今回はより明確にそんな欲求に駆られた。なんだかんだいって中国の旅はおもしろかったのだ。このままリピーター化していく

飛行機を眺めながら本場の雲呑麺に舌鼓を打つ。帰る前の記念に。

ような手応えさえ覚え始めていた。

池記の空港店ではセットメニューになっており、雲呑麺に加えて青菜炒めや椎茸の煮物が付け合わせとして出てきた。結構なボリュームだが、これで終わりと思うとなんだか悔しくて、結局意地汚く全部平らげた。

すっかり満ぷくになって、羽田行きの帰国便に乗り込んだのだった。

参章　成都

(十)めくるめく激辛な世界へ

成田空港のチェックインカウンターに長い行列ができているのを見て、我が目を疑った。整列のためのパーティションロープ内で収まりきれず、隣のカウンターにまで人が溢れている。

続けて三度の中国行きを決めた最大のきっかけは、航空券の安さだった。

「きっと座席はガラガラなのだろうなあ」

ほとんど投げ売りとでも言えそうな値段だったから、そんな風に予想していたのだが――。

当日空港へ来てみると大盛況で意表を突かれた。

成都までのチケットは一万八千八百六十三円だった。なんと二万円を切っている。空港税などの諸費用がすべて込み、もちろん往復である。検索結果に表示された金額を目にして、舞い上がりそうになった。

北京へ行ったときの飛行機も二万円強と破格だったが、それをさらに上回る安値である。しかも北京よりもずっと遠い成都への直行便でこの値段なのだ。信じられない思いで必要事項などを入力してポチッとすると、とくに問題もなくその値段で予約が完了し、イーチケットが発券されたのだった。

利用するのは四川航空というエアラインだ。ＬＣＣではなく、れっきとしたレガシーキャリアだから荷物を預けるのに追加料金などは取られないのだが、カウンターに並んでいる人たちがみな妙に大荷物なのが気になった。

乗客の大半は中国人である。箱買いしたのか、赤ちゃん用の紙おむつのロゴが入った段ボール箱をカートに積み重ねている人もいた。北京行きや上海行きの便では見られなかった光景だ。

——爆買い？

一時期のブームは過ぎ去り、訪日中国人の消費も冷え込んでいると聞いていた。だが、成都のような地方都市クラスになると、まだまだ日本が初めてという旅行者も多いのかもしれない。団体ツアーでどっと押し寄せて、お土産をたんまり買って帰っていく彼らとは逆流するような格好になった。

四川航空の成都直行便は訪日需要の高まりを受けて生まれた路線と言えるだろう。この区間には以前はＡＮＡしか飛んでいなかった。さらに遡れば、直行便が存在しなかった時代も長く、かつては北京などで乗り継がねばならなかったことを思い出す。

成都を訪れるのは初めてではない。数えてみたら、今回で四度目だ。中国の都市の中ではとくに訪問回数が多いが、それだけお気に入りなのだという自覚もある。

　自分に限らず、いかにも日本人が好みそうな街と言っていいだろう。三国志の蜀(しょく)の都であり、パンダの生まれ故郷でもある。

　さらには本場の四川料理が待っているのも魅力的だ。食いしん坊な旅人からすればこれは何物にも代えがたい。ここまで北京料理、上海料理、広東料理を味わってきたから、あとは四川料理をおさえれば、中国四大料理を一通り網羅することにもなる。

「中国四大料理制覇の旅、か——。悪くないなあ」

　むふふ、と僕はほくそ笑んだ。完全に自己満足ではあるが、そういった分かりやすい目標を掲げると旅に張り合いが生まれる。

　思えば、過去に実現してきた世界一周やベトナム縦断なども似たような発想が根底にあった。旅のテーマはキャッチーであればあるほどいい。

　辛いものには目がない旅人である。四大料理の中でも、とりわけ個人的に惹かれるのは四川料理だったりする。大本命と言ってもいいかもしれない。

　北京を旅したときには十月だったが、いまはもう十二月だ。時が移り変わるのに合わせて、目的地が上海、広州と北から南へと順に下がってきて、遂には四川に至った。季節はすっかり冬という感じで、日に日に寒さが増しているから、なおのこと体が温まりそうな辛い食べ物のありがたみが大きかったりもする。

初めて利用した四川航空は、機内デザインや客室乗務員の制服などが全体的に赤色で統一されていた。辛さの象徴とも言える唐辛子の赤だなあ、としみじみしていると、機内食の際に目をみはる出来事があった。

ワゴンを押して食べ物が載ったプレートを乗客に配る人とは別に、瓶のようなものを手にして通路を回っている乗務員がいたのだ。何だろうかと思ったら、瓶の中身はチリソースだったからたまげた。韓国の航空会社では機内食にチューブ入りのコチュジャンが出てくるのが定番だが、あれと同じような感じか。

「さすがは四川だなあ……」

僕は感心させられた。到着する前から早くも辛いものの洗礼を受け、頬が緩んだ。これから立ちはだかるであろう激辛な世界への期待が高まった。

飛行機は一時間も遅れて成都に着陸した。空港からタクシーで移動し、市内中心部のホテルにチェックインしたときにはもう深夜二時をすぎていた。

海外旅行で深夜遅くに到着するとモヤモヤした気持ちになる。こちらのテンションが高ければ高いほど、もどかしさが募る。街は眠りについているから、どこかへ繰り出したい欲求を抑えベッドに潜り込むしかない。

満を持して朝を迎え、客室のカーテンを開けるときはドキドキする。まだ真っ暗な夜の風景しか知らないから、街の第一印象がいよいよここで決まる。

果たしてどうか――あらら、この日はあいにくの空模様だった。

地上三十階という高層の部屋から望める成都の街並みは灰色がかって見えた。霧だろうか？　眼前の世界全体がガスのようなもので白く濁っていて、パッと見どんよりした雰囲気である。

成都といえば、中国でも屈指の天気の悪い都市として知られる。盆地だから霧が出やすく、なんでも年間で二百日以上も曇りの日なのだという。

とくに冬場は晴れの日がほとんどないぐらいだと聞いた。「あいにくの空模様」などと書いたが、これがこの季節の標準なのだと思えば、あきらめもつくのだった。

前回成都へ来たのは、いまからおよそ二年前のことだ。それほど大昔というわけでもないが、急成長を続ける中国である。当時はなかった地下鉄路線が増えていたりして、さっそく浦島太郎化してしまった。

といっても、便利になる分には大歓迎である。幸いにもホテルのすぐ目の前に地下鉄の入口があって、街を縦横無尽に移動できそうだった。

二〇一七年十二月現在、成都市内には計六路線の地下鉄が開通している。さらにはいまも――恐らく突貫で――工事が進められており、これからさらに拡張する予定だというが、現状でも主要な観光地はほぼ網羅されたようだ。

たとえば、僕はまず武侯祠（ぶこうし）へ向かったのだが、いつの間にか地下鉄だけで行けるようになっていたから驚いた。以前は市バスやタクシーに頼るしかなく、個人旅行だとアクセスがいささか面倒だったのだ。

武侯祠の「武侯」とは、かの有名な諸葛亮（孔明）のことだ。三国志について興味がないという人でも、その名前ぐらいは知っているだろう。のちに蜀の皇帝となる劉備に三顧の礼をもって軍師として迎え入れられ、劉備没後は蜀の丞相（じょうしょう）（いまでいう首相のような立場）として、軍を率いて対立する魏（ぎ）と戦うために北伐を繰り返した。つまり、武侯祠とは孔明を祀った施設というわけだ。

おもしろいなあと思うのは、孔明自身はあくまでも臣下の一人にすぎないのに、ここでは主君を差し置いて神格化されていることだ。武侯祠内には劉備の像もあるが、孔明の像の方が目立つ場所に設置されている。

劉備の息子であり、蜀の二代目皇帝である劉禅にいたってはここでは完全に無視されているほどだ。魏に滅ぼされた暗君として知られるだけに、その存在自体が黒歴史化されているのかもしれない。

武侯祠内には、ほかにも蜀を支えた歴戦の武将たちの像が数多く陳列されている。主君である劉備を中心とした回廊のような構造の建物にガラス張りのショーケースが置かれ、順に見て回るような流れになっている。

像はディテールが結構細かく、塗装も施されるなど写実的なつくりだ。ただし、顔や甲冑(かっちゅう)が結構似通っているため、説明板を見ないとどれが誰だかは判別できない。趙雲や馬超といったスター級武将は心なしか派手だが、一方で程畿や張南など「誰だっけ？」という人もいたりして、クイズ感覚で楽しめる。

ちなみにゲームなどではイケメンキャラに描かれがちな趙雲だが、ここでは白髪のおじいちゃんの像になっていたりして、思わず突

名だたる蜀の武将たち。各像に設置された解説を読むのもおもしろい。

っ込みたくなる。全体的に三国志でも後期に登場する武将が多いのは、蜀成立後という時代背景を踏まえたものだろう。劉備の義兄弟である関羽と張飛の像だけは特別扱いとなっており、劉備の像の左右に個室が設けられていた。

各武将の説明板には日本語訳も併記されているのだが、怪しいニホンゴではなく、日本人が書いたと思しきしっかりとした文章になっているのは、さすがは三国志の聖地だからだろうか。三国志は日本人にとっても特別な存在だ。

かくいう僕自身も三国志の大ファンである。小説や漫画、ゲームの影響もあり、子どもの頃からその壮大な物語に親しみながら育ってきた。別に蜀贔屓というわけではないが、とくに好きな武将を挙げるなら姜維である。

実は、以前に三国志の聖地を巡る旅行ガイドを作ったこともある。そのときは孔明の北伐と同じコースをなぞって、ここ成都から陸路で五丈原まで北上したりもした。三国志最大の古戦場である赤壁や、孔明が隠遁していた古隆中なども訪れた。これまでに無数の本を書いたり編集したりしてきたが、その三国志旅ガイドは個人的にはマイベストワークのひとつだといまでも密かに自負している。

三国志がおもしろいのは、単なる歴史物語ではなく、悲喜こもごもの人間ドラマが展開することにある。裏切ったり、裏切られたりというドロドロとしたエピソードも多い中、とりわけ劉備は義に厚い英雄として描かれている。三国志の魏、呉、蜀の三国のうち、主人公的な扱いなのが蜀である。

だからだろうか、中国のほかの都市と比べて成都の人たちは人あたりがいいなあという印象をいつも受ける。人の温かみが感じられるというか。実際、四川は比較的親日的な省なのだという話もよく聞く。少なくとも僕にとっては居心地のいい街である。

激辛の都での記念すべき一食目は、武侯祠から近い担々麺(たんたんめん)の店で味わうことにした。「蜀漢街」という、三国志好きとしては名前を聞いただけでワクワクする通りから一本入った路地に面したローカルな食堂で、ぱっと見の外見は地味なのだが、これが知る人ぞ知る名店なのだという。

日本でも人気の担々麺だが、本場の担々麺は日本のものとはまるで別物だ。最大の違いはスープがないこと。そう、汁なし麺なのである。麺の上に具が載った状態で出てきて、客はそれをまぜまぜしながら食べる。北京名物の炸醬麺にも似ている。辛味噌が特徴の「まぜそば」を想像するといい。

メニューは担々麺だけなのか、席に着くとダーワンかシャオワンかだけ訊かれた。大か小か、という質問なのだが、当然のようにダーワンを選ぶ。

頼んでから五分もしないうちに、料理が運ばれてきた。

「うどん……？」

出てきたお碗の中身を目にして、思わずつぶやく。

この店の担々麺は白色をしたストレートの中太麺で、見た目は完全にうどんだった。具は肉味噌に青菜が少々といったシンプルな内容。見るからに辛そうな赤色をしたタレがお碗の底の方にたっぷりたまっている。

こういう気取らない雰囲気の店ほど絶品の味に出合えるのもまた中国の奥が深いところでもある。一口パクッとした瞬間、僕は目を輝かせた。

うまかったのだ。とてつもなく。

当然のように辛いが、どちらかといえば上品な辛さで、ピリリと利いた山椒がいいアクセントになっている。見た目はうどんに似て

担々麺は衝撃の美味さ。ただ辛いだけではない味わい深さに虜になる。

いるが、うどんのようなコシはない。麺だけだとパンチに欠けるので、タレや肉味噌がからむよう、なるべく入念にまぜたうえで食べた方が美味しくなりそうだ。

　大サイズで一杯十二元。これぞ正統派の担々麺といった感想である。


　成都といえば三国志ともうひとつ、忘れてはならない名物がある。

　何かと言えば、パンダだ。

　奇しくもこの年（二〇一七年）は、上野動物園でパンダの赤ちゃんが生まれ日本でも話題になっていたところだった。動物園でも花形的存在の愛くるしい動物だが、パンダの生まれ故郷はここ四川省である。

　せっかく成都まで来たのだから、三国志とパンダはおさえておきたい。そんなわけで、午後は引き続きパンダを見に行くことにした。

　向かった先は「大熊猫繁育研究基地」である。「熊猫」というのはパンダのことで、「大熊猫」と「大」が付いているから、つまり「ジャイアントパンダ」と訳す。その名の通りパンダを繁殖させている研究施設なのだが、一般開放しており、ちょっとしたテーマパークのようなスポットになっている。

　ここも以前は訪問手段がバスやタクシーしかなかったが、いまでは地下鉄が開通している。

武侯祠の最寄りである高升橋駅からは、三号線で乗り換えなしの一本で行ける。お陰で両スポットを一日で巡るのも容易になった。

午前中に三国志、そして午後はパンダ――狙ったわけではないが、結果的にこの日の我が行動はなかなか効率のいい観光コースになったと言えそうだ。

できて間もない地下鉄だからか、三号線の駅構内はピカピカで真新しい。切符の券売機は当然のようにウィーチャットペイにも対応しており、スマホだけで切符が買える。中国旅行もつづけて三回目ともなると、この中国式スマホ決済にも完全に馴染んだ。慣れれば慣れるほど便利さを実感するのだった。

地下鉄は駅ごとに内装デザインにテーマが設けられているのも楽しい。高升橋駅では孔明のトレードマークである羽扇が天井に大きくあしらわれていたし、向かうパンダ基地の最寄りの熊猫大道駅ではそこかしこにパンダが描かれており、見るからにパンダ推しである。

地下鉄車内のアナウンスは中国語に続き英語バージョンも流れるのだが、熊猫大道駅に着く前の、

「ネクストステーション、イズ、パンダアベニュー」

というフレーズを聞いてテンションが上がった。パンダアベニューか、駅名からして素敵すぎるのだ。

駅を出てすぐのところにバスが停まっていた。パンダ柄をした派手なバスだ。同じ電車で来た乗客がみなそれに乗っていくので、よく分からないけれど自分も続いてみる。駅から研究基地まで少し距離があるから、専用バスが行き来しているのだろうと想像した。

バスが満席になると、運賃の回収係と思しき女性が乗り込んできた。僕が外国人だと分かると、英語で話しかけてくれた。

「チケットは持っていますか？」

いいえ、と首を振ると、いまここで買うように促される。通常は五十八元のところ、バスの運賃も込みで五十五元だという。適当に乗り込んだバスだが、公的なものではなく、旅行会社か何かが運行しているバスなのかもしれないなあと、いまさらながらに気がついた。まあでも、別に損はしないわけだし、差し当たってほかに選択肢もなさそうなので支払うことにしたのだった。

駅からは十分程度でパンダ基地に到着した。ここも来るのは初めてではないが、前回訪問時の記憶にはない風景が広がっていて戸惑った。一言でいえば、なんだか全体的に妙に綺麗になっている。入口のゲートもパンダ型の立派なもので、まるでどこかの動物園に遊びに来たかのようだ。

ゲートを入った先にはカート乗り場があって、列ができていた。敷地がかなり広大だから、徒歩だけで見て回るのは大変だ。これに乗ってまずは基地の最奥部まで一気にショートカットしたうえで、順々に見学しながら歩いてゲートまで戻ってくるルートが良さそうだった。

さて、いよいよパンダとのご対面――なのだが、そこは中国である。

「ああ可愛いなあ……、癒されるなあ……」

と素直に感動する一方で、色々と突っ込みたくなったのも正直なところだ。

――薄汚れているなあ。

いきなり夢を壊す発言をしてパンダ愛好家に怒られそうだが、事実を正直に書いている。

パンダといえば、きっと誰しも白と黒のツートンカラーを想像するだろう。ところが、この施設にいるのは、土埃にまみれたせいか白い部分が薄茶色のようになっているパンダが大半である。薄茶色というのは主観ではあるものの、どんなに贔屓目に見ても、少なくとも白とは言えない濁った色をしている。

その一方で、パンダ基地内であちこちに掲げられているパンダの写真が不自然なまでにクリアな純白をしているのは密かに気になった。綺麗に洗ったうえで撮影したのか、あるいは写真を加工したのかもしれない。色々と邪推をしてしまうのだが、画像のホワイトバランスをちょっといじるだけで、白くないものも白にできるしなあ。

パンダがいるのは狭い檻の中ではなく、オープンエアの広々とした園庭のようなところだ。

どれぐらい広いかというと、パンダを探してしまうほどである。自然に近い状態で飼育されているから、きっとパンダも生き生きとしているに違いない、などと想像するのだが――。

実際には、パンダの動きは妙に緩慢としている。というより、僕が訪れたときには、ほとんどのパンダがゴロゴロと寝転がっていた。起きているパンダも、いかにもやる気がなさそうに宙を仰ぎ見ていたりして、なんだかなあという気になる。

基地内ではパンダの生態などを紹介する解説パネルが設置されており、日本語訳も付いている。それを読むと、パンダという動物は基本的には怠けモノであることが理解できる。

「パンダは一日の大半を竹を食べることに費やしています。栄養摂取の効率が低いため、量で補っているのです――中略――動かないことで体力の消耗を減らし、体重を保持しています」

ふむふむ、と得心する。どうやら燃費が悪い動物らしい。こういう専門の施設へ来ると、新しい知識が得られ、「へえ」と感心させられる。

言われてみると、ほとんどエンドレスにむしゃむしゃと竹の葉を食べ続けているパンダの姿も目につく。といっても、がっつくというよりは淡々と食べている。生きるために食う、とでもいった雰囲気だ。

仰向けに寝転んだ状態のままむしゃむしゃして、葉っぱがなくなったら仕方なくといった感じでのそっと起き上がって別の竹をわしっと手に摑み、再度ゴロンと横になる。体を動かすのがいかにも億劫そうで苦笑してしまう。「随分と器用に葉っぱを口へと運ぶのだなあ」

なんでも、パンダには六本目の指があるのだという。「偽親指」とも言われるその六本目の指のお陰で、上手に食事ができるのだと説明書きにあった。パンダの「へえ」、その二である。

パンダ基地は敷地内が竹林に覆われており、散策して気持ちのいいロケーションだ。パンダ以外にもなぜか孔雀がそこら辺を闊歩していたりして、意外性があるのも楽しい。成都市街よりも少し標高が高いせいか、体感温度は低めだ。ぶるぶる震えながら観光している

寝ながら食べるなんて行儀が悪い。でも、可愛いから許されるのだ。

旅人とは対照的に、デレーンとお腹を丸出しにした、だらしのない姿勢で寝入っているパンダを見ると、

「寒くないのかしら」

などと余計な心配をしてしまうのだが、パンダは毛深いからきっと問題ないのだろうなあ。

十二月中旬の成都はちょうど紅葉の真っ盛りで、東京では既に紅葉も見納めだったからちょっぴり得した気分になった。武侯祠でもパンダ基地でも、色づいた木々が風景に彩りを添えていた。とくに目立っていたのは銀杏(いちょう)の木だ。紅葉ではなく、黄葉と表現した方がふさわしいかもしれない。

見渡すばかりの黄色い美景の中を歩き回ったあとは、めくるめく赤い世界が待っている。赤——そう、唐辛子の赤色である。いざ、激辛ワールドへ。

成都へ行こうと思った段階から、ディナーはここと決めていた。というより、この店で食べたいがために成都旅行を計画したのが真相だったりもする。さらに言えば、実は今回はお店のすぐそばのホテルを予約していたほどだ。

といっても、知る人ぞ知るこだわりの名店のようなところではない。むしろ、ミーハーなセレクトと言っていいだろう。なにせ新宿や横浜など日本にも支店があるぐらいだ。四川料

理といえば必ず名前が挙がる、老舗中の老舗――。

――陳麻婆豆腐。

あの麻婆豆腐の発祥とされる名店である。陳というのは人の名前で、陳ばあさんが作った豆腐料理だから、陳麻婆豆腐なのだと言われている。

さすがは超人気店である。夕方六時頃という食事時に訪れたら、店内はめちゃくちゃ込んでいて、入口に人だかりができていた。並ぶのは大の苦手だから一瞬怯んだが、訊いてみると一人ならばすぐに案内できるという。

大皿料理が基本の中国での食事は基本的には大人数であればあるほど有利だが、たまには一人旅だと得をすることもある。テーブルは相席で、同じく一人で食べに来ていた男性と一緒になった。男性は片手でスマホを見ながら、一人ご飯を楽しんでいる。我が姿の映し鏡のようでニヤリとした。

店内を見回すと、ほかにも一人と思しき客がちらほら目についた。雰囲気から地元民ではなく、旅行者か出張者なのかなと想像した。ともあれ、中国のこの手のレストランでは珍しい光景だ。

真に絶品の料理というものは、不思議と音が付いて回る。といっても店内に流れるＢＧＭのことではない。料理そのものから聞こえてくる音――いかにも美味しそうな音と言っていいだろう。

ジュウジュウ――麻婆豆腐から聞こえてきたのはそんな音だった。土鍋に盛り付けられ、煮えたぎっており、見るからに熱々だ。元々赤い見た目をした料理であるせいか、まるで溶岩のようにも見える。

レンゲでひとすくいして、白飯にかけつつ口に入れる――。

か、からあい！　容赦のない辛さに破顔した。これだ、これ。この味が食べたくて成都へ来たのだ！　と心の中で快哉を叫ぶ。

さらにすくって口に入れて――ごほっと少し咳き込んだ。慌ててビールで流し込む。一度にたくさん口に入れるのは避けた方がよさそうだ。

この地で辛い料理が発達したのは、盆地であることと無関係ではない。湿気が多い気候のため、発汗作用を促すために辛いものを食べるようになったのだという。

広州を訪れた際に、「食は広州にあり」という名言を紹介したが、実は続きがあって、それは次のようなフレーズとして知られる。

――味は四川にあり。

四川料理では香りを重視している。ただ辛くするのではなく、辛さの中だからこそ実現できる深い味わいを追求しているのだろう。その真髄とも言えるのが、「麻辣」と称される特徴的な味付けだ。山椒の痺れるような辛さ。正確には山椒の一種である「花椒（ホワジャオ）」をたっぷり使う。一度食べたら病みつきになり、こうしてわざわざ食べに来てしまうのだ。

陳麻婆豆腐は、その名の通り麻婆豆腐をウリとしているが、ほかにも主要な四川料理はだいたいメニューに載っている。せっかく来たのだからと、到底食べきれないであろうことを承知のうえで、割り切って多めに注文した。

麻婆豆腐に加え僕が頼んだのは、回鍋肉と宮保鶏丁（ゴンバオジーディン）だ。

ホイコーローと、鶏肉のカシューナッツ炒め。

いずれも四川料理の定番であり、日本の中華料理屋でもお馴染みの一品であるが、本場

モノクロだと分かりにくいが、３品とも見事に赤色だった。

で食べると日本のものはローカライズされた料理であるのだなあと思い知らされる。ハッキリ言って、最早別物なのだ。

たとえば、ホイコーロー。日本だと必ずキャベツが入っているが、こちらの回鍋肉ではキャベツなんてまず使わない。あれは日本式のホイコーローなのだ。本場では豚肉のほかに、ニンニクの葉を一緒に炒めるのがお約束である。もちろん、唐辛子や花椒も入っており麻辣な味付けで、ご飯がぐんぐん進む。

麻婆豆腐、回鍋肉、宮保鶏丁の三品はいずれも値段は二十元だった。白飯やビールも入れてしめて千円ちょっとか。新宿の支店で食べたら麻婆豆腐だけで千円以上もすることを知っていたから、コスパの高さにも歓喜した。

（十二）中国一の味の秘密を探る

味は四川にあり——覚えたてのフレーズが頭でリフレインする。

この中国四大料理の旅において、四川料理は大本命だと前述したが、いざ来てみて期待以上の満足が得られた。すっかり気分が盛り上がったので、成都二日目はさらなるグルメ探求へと繰り出すことにした。

目指したのは、「川菜（せんさい）博物館」だ。

四川料理は中国では「川菜」と呼ばれる。すなわち川菜博物館というのは、四川料理の博物館というわけだ。四川料理についての知識をさらに深め、その味の秘密を探るためにはこれ以上ないスポットと言えるだろう。

ただひとつだけ難点がある。何かというと、アクセスが不便なのだ。

博物館は成都市街からは約二十五キロも離れており、地下鉄だけでは辿り着けない。ツアーなどではコースに含まれていたりもするようだが、どちらかといえばマニアックな施設である。個人でわざわざ訪れるのは物好きなのかもしれない。ほかの観光地と比べ、ネットの情報も少なめだ。

それでも数少ない情報を収集しつつ、百度地図なども駆使して行き方を自分なりに調べてみた。結論としては地下鉄二号線に乗り、北側の終点、犀浦(スイプー)駅で降りる。そうして駅前から路線バスに乗り換えるのが最短ルートのようだった。百度地図はバスの検索機能が充実している。川菜博物館までは「P22」番のバスに乗ればいいと分かった。

ところがいざ犀浦駅まで来てみると、困った事態になった。駅前で大々的に工事が行われており、バスターミナルがあったと思しき場所が丸々なくなっていたのだ。案内板が出ており、工事中は別の場所から出る、みたいなことが書いてあるのだが、土地勘がないからいまいち要領を得ない。

見知らぬ土地でバス停を探しながら行ったり来たりしていると、

「なんだかRPGのクエストのようだなあ」

という感想を持ったりもした。最近のゲームはとにかく親切設計で、クエストの行き先はその都度マップ上にマークが表示されたりするのだが、リアルではそういうわけにもいかない。たっぷり迷った挙げ句、駅前の大通りを渡った先で、ようやくP22番と書かれたバス停を見つけたのだった。

やがてやってきたバスはかなり年季の入ったものだった。車内では小説でも読もうかと思っていたのだが、走っている間中ガタガタ揺れ続けるからとてもじゃないが活字を追う余裕がない。しかも、窓がちゃんと閉まらないのか、隙間風が車内にビュービュー吹き込んできてやたらと寒かった。

若い頃のバックパッカーの旅を思い出すようなバスだった。もういい歳なので近頃はこの手の辛い移動は極力避けている。

それゆえ、逆に新鮮な気持ちになった。乗車するのはわずかに一時間程度だ。P22番バスの終点「古城公交帖」で下車すると、通りの反対側にお目当ての川菜博物館が立っていたのだった。

そこへ至るまでの道のりが険しければ険しいほど、素敵な場所であって欲しいという願いは強まる。しかし、期待とは裏腹に、博物館は地味なスポットだった。もっと率直に感想を述べるなら、「寂れているなあ」と思った。

乗ってきたバス同様、博物館の建物も年季が入っていた。日本の観光地でもたまに昭和の風情が漂うようなところに出くわすが、まさにそんな感じ。建物が古いのは仕方ないとしても、中身も正直パッとしない印象を受けた。

博物館というだけあって、料理に関する展示物――主に食器類である――はそこそこ数があるのだが、ただ置いてあるだけで、目を引くようなインタラクティブな要素は何もない。

さらには、ガイドブックを読むと、熟練の料理人が調理するさまをガラス越しに見学できる「互動演示館」が見どころだと書いてあったので楽しみにしていたが、行ってみると誰も人がいなくて、建物自体が閉鎖されていた。いやはや、ガッカリなのである。それでいて入館料は六十元もする。

わざわざやって来たことを後悔し始めたときだった。

東屋のようなところから、湯気が漂っているのが見えた。

なんだろうかと行ってみると、そこは試食コーナーだった。小さなフードコートのようなつくりで、料理ごとのカウンターがあって、取り囲むようにしてテーブルと椅子が設置されている。

試食できるのは、いわゆる小吃と呼ばれる軽食類だ。辣油たっぷりの、四川らしい水餃

食器類の展示は充実している。好みの分かれそうな博物館だ。

子と大根スープが美味しかった。さすがは料理そのものをテーマにした施設だけに、どれも文句の付けようがないほどウマい。

　中には辛くない料理もあったが、最早辛くない料理には惹かれない体になってしまっている。真っ赤な料理を中心に、ヒーヒー言いながら高い入館料の元を取るべくガツガツ食べたら、すっかりお腹いっぱいになった。試食ではなく、普通にランチを満喫した気分だ。

　試食メニューの中には担々麺もあった。昨日成都市街で食べたものとは違いここでは細麺だったが、やはり汁なし麺だ。それをまぜまぜしながら食べていてふと気がついた。担々麺の麻辣で香り高い味わいは、ほかの四川料理にも通ずるものがあると。

　すると、重要なのはこのタレということになる。担々麺のタレを解明すれば、味の秘密に迫ることができるのではないか。

　そんな我が疑問に対する答えのひとつが、その試食コーナーのすぐ隣に用意されていた。

「川菜原料展示区」という看板を見てピンときた。

　足を踏み入れてみて、圧倒された。柵で覆われた一画に、人間の子どもぐらいのサイズはありそうな大きな壺がずらりと並んでいた。ずんぐりとして胴が太い形状なので、壺というよりも甕（かめ）と呼んだ方がしっくりくるかもしれない。

　――一体、何が入っているのだろうか。

近くに蓋があいた甕を見つけた。中を覗き見て納得した。赤い味噌のようなものが詰まっていた。これは……そう、豆板醤（トウバンジャン）だ。

豆板醤は空豆や唐辛子を発酵させた味噌の一種だ。料理をしない人間から見ても、使いやすそうな調味料であることは分かる。担々麺のあのドロッとした赤いタレにもやはり豆板醤が入っているのだろう。

川菜原料とはつまり豆板醤のことらしいと理解して、僕は腑に落ちるものがあった。なるほど、と膝を打った。つまり、豆板醤こそが四川料理の奥深い味わいの正体というわけだ。「味は四川にあり」を突き詰めると、「味は豆板醤にあり」に行き着く。

展示区には甕がざっと数百個は置いてある。

――当然ながら、甕によっても味の傾向などが違うのだろうなあ。

と想像しながら写真を撮っていたら、近くにいたおばちゃんに話しかけられた。すぐそばに小さな売店があって、ここの豆板醤を売っているのだという。

せっかくだから立ち寄ってみると、瓶に詰めた豆板醤が並べられていた。見た瞬間、物欲を刺激された。なにせ、すぐ目の前で熟成しているあの豆板醤が買えるのだ。産直どころか産地買いである。

「ここの豆板醤は無添加なんですよ。もちろんすべて手作りです」

おばちゃんのセールストークに引き込まれる。その売店では四種類の豆板醤が販売されていた。それぞれ一年、二年、三年、四年と書いてあって、四年モノが一番高額だ。

「豆板醤は寝かせたものほど価値が高いんですよ」

おばちゃんが解説してくれる。ならばここはドーンと景気よく四年のにしようかと思ったが、二百九十八元という値段を見て踏みとどまった。衝動買いするにはちょっと高すぎる。三年モノが百三十八元、二年モノが九十八元、最も安い一年モノが三十八元。悩んだ結果、二年モノで手を打った。

予期せぬ土産物を買ったせいで来る前よりもずしりと重くなったカバンを手に、僕は博物館を後にしたのだった。

ズラリと並んだ甕の中身はすべて豆板醤。野ざらしで熟成するのね。

成都市街へ戻ると、イトーヨーカドーの地下でさらにお土産を買い足した。日本のあのイトーヨーカドーだ。こちらでは「伊藤洋華堂」と表記する。隣接する伊勢丹と並んで、街の目抜き通り「春熙路（しゅんきろ）」付近でも一際目立つ存在で、僕は成都へ来る度にここで土産を買うことにしている。

伊藤洋華堂は、中国ではなぜかここ成都でとくに売上を伸ばしているのだと、以前に何かのテレビ番組で見たことがある。個人的にオススメのポイントはＰＢが充実していることだ。花椒などの中国系食材が、同社のＰＢ製品としてパッケージ化されており値段も手頃である。

それらはもちろんローカルのスーパーなどでも売られているのだが、なにせ中国である。食の安全性に関して懸念を覚えるのも正直なところだから、得体の知れない店で買うぐらいなら、日系ブランドの方が安心できる。

お土産を買い漁（あさ）っていると、旅の終わりが近づいていることを実感して寂しさも募り始めた。

明日にはもう日本へ帰国する。今回も短い旅だったなあ。

最後の晩餐は火鍋にチャレンジすることにした。チャレンジなどと言うといささか大げさに聞こえるかもしれないが、火鍋のような大人数を前提とした料理の専門店に一人で突入するには勇気がいる。

ぼっち火鍋――自分としては、文字通り「チャレンジ」なのである。

火鍋とはなんぞやという説明は最早不要だろうが、念のため簡単にまとめておくと、日本でいうところのしゃぶしゃぶに近い。具はさまざまだが、メイン食材が羊肉であることはひとつの特徴と言えるだろうか。牛や豚、鶏のほか、海鮮なども選べるが、火鍋といえば羊肉ははずせない。

火鍋の鍋は中央に仕切りがあって、見るからに辛そうな真っ赤なスープと、対照的にさっぱり系の白いスープの二色鍋という見た目をしている。中国ではそれぞれ「紅湯（ホンタン）」「白湯（パイタン）」と呼び、ひとつの鍋でこれら二種類の両方を楽しむ場合には「鴛鴦（ユエンヤン）」というらしい。

火鍋といえば、当然お目当ては紅湯の方だろう。真っ赤なスープには例によって唐辛子や花椒のほか、ニンニクや生姜などクセの強いスパイス類がこれでもかと入っている。羊肉や内臓系の部位なども火鍋だとほとんど臭みが感じられないのは、この強烈なスープのお陰だろう。

――火を噴きそうなほど辛いから？

火鍋の名前の由来をそんな風に想像していたのだが、実際には火鍋というのは鍋料理全般を表すそうで、必ずしも辛い料理ではないのだという。我々が想像するあの赤くて辛い火鍋は「重慶火鍋」などと称される。現在は中央政府の直轄市になっている重慶だが、もともとは四川省に属していた。つまり火鍋とは四川省を代表するご当地グルメというわけだ。

実際、中国各地を旅していると、この「重慶火鍋」という看板を掲げる店をよく目にする。そういう風に書いてあるところは、要するに辛い鍋が食べられると理解すればいい。

本場だけあって、成都市内には火鍋の名店が乱立している。数が多すぎて一見の旅行者にはどこが美味しいかさっぱり見当もつかないほどなので、ここは大人しくネットのクチコミサイトで調べて評価の高い店を目指した。

今回狙いを定めたのは「蜀九香」という店だ。「中国十大火鍋品牌」（品牌とはブランドの意味）なのだと書かれていたが、本当かどうかは知らない。小綺麗な店で、店員がみな制服を着ていたから——制服の有無はアジアでは高級店かどうかの見分け方のひとつだ——比較的ちゃんとした店なのだと思う。

火鍋屋でのオーダー方法としては、まずはスープをどうするかを選ぶ。本場では鍋に仕切りがない、紅湯一種類だけの火鍋も珍しくないそうだが、ここはやはり二色鍋だろうということで鴛鴦を注文した。小サイズで六十八元と、たかがスープにしては結構いい値段がする。やはり一人だと割高だ。

スープを選んだら、中の具材を選んでいく。一通りの肉や野菜がセットになったものがお得そうだったのでそれにしようとしたら、なぜか「メイヨー」と言われてしまった。仕方なく、すべて単品で頼んだ。

　メニューは写真付きである。言葉が分からない異邦人としては大変ありがたい。加えて言えば、接客レベルの高い店で、さまざまな心配が杞憂に終わったのは予想外の展開だった。

　完成品が出てくる普通の料理とは違い、鍋だとどうしても食べ方に作法のようなものがつきまとう。とくに火鍋はその辺、色々と複雑そうなので初心者としては心理的ハードルが高いのだが、店員が僕のテーブルにほぼマンツーマンで付いてくれ、最初から最後まで世話を焼いてくれたのだ。

　タレの作り方や具の入れ方などをその都度レクチャーしてくれた。火加減を常時チェックして、火力をこまめに調整してくれたのにも感激した。中国でこれほど気が利く店に入ったのは初めてかもしれない。

　火鍋では、肉は箸で摘まんだ状態でスープに入れてしゃぶしゃぶする。うっかり箸を放すと、スープの中に肉が埋もれてしまい行方知れずとなるから要注意だ。透明度が恐ろしく低く、中はまったく見えないスープだから、捜索は難航する。箸にかかったものを引き上げると正体不明の食材だったりして、まるで闇鍋をしているような気持ちになる。

　本場の火鍋屋で食べてみて感じたのは、スープ自体の味に加えて、つけダレが大きなポイントだということ。あらかじめ店側で味を調整して出てくるスープとは違い、つけダレは客が好みでカスタマイズできるところがおもしろい。

つけダレのベースとなるのは胡麻油だ。缶ジュースのような容器に入って出てくる。一人一缶である。最初からテーブルの上に缶が置かれていて、なんだろうと思ったら胡麻油だったのだ。

この胡麻油をまずはドバッとお皿に移し、そこからオイスターソースや黒酢などで味付けしていく。パクチーを入れ、さらにはニンニクもドバドバッと大量に投入したが、これが大正解。これほどニンニク映えする料理もないだろうというぐらい、火鍋とニンニクは相性がいい。

旅のフィナーレを火鍋で飾る。ぼっちでも臆せず突入するのだ。

調子に乗ってドバドバしていたら、食べているうちに口の中がどんどんニンニク臭くなってきて、しまいにはニンニク男のようになってしまった。でも、本日はひとり無礼講なのだ！　これから誰かに会う予定があるわけでもないし……と誰にともなく弁解しつつ、さらにドバドバ追加したのだった。

本場の火鍋屋でもうひとつ気になった点は、ご飯の頼み方だ。味が濃いから日本人としてはやはり白米と一緒に味わいたいし、ご飯が進む料理であることは確かなのだが、ローカルの人たちは火鍋では白米は頼まないらしい。

代わりに食べるのは卵炒飯だ。えっなんで？　と訝ったが、しっかりメニューに載っている。鍋も終盤になって、まだお腹に空きがあるというときに頼むのが通例なのだという。要するにシメのような存在である。

この店では、加えて最後にオレンジがおまけで出てきた。なんだかフルコースの料理を味わったかのような満足感だ。当然のようにビールも頼んで、お代はしめて百五十八元だった。支払い方法はもちろんウィーチャットペイだ。

すっかり満ぷくになった頃に改めて鍋をしげしげと見ると、スープの色が出てきた当初から変わっていることに気がついた。最初はもっと素の赤色に近かったのだ。あれはそう、トマトのような赤色だった。ところがいつの間にか、ワインレッドになっている。ぐつぐつ煮込むうちに、具材から染み出て色が濃くなったのだろうか。

それにしても、とんでもなく辛い火鍋だった。実はこの旅に出る数日前に、旅仲間たちと池袋に火鍋を食べに行っていた。本場さながらの中国料理が味わえる池袋だけに、その店の火鍋もかなり辛く、

「からいなあ、ああ、からいっ！」

とみんなで悶絶していたのだが、あれでも遠慮気味の辛さだったのだなあと理解した。いまにして思えば、麻辣のうちどちらかといえば辣が強かったのは日本の店ならではなのだろう。麻だけ、辣だけとどちらか一方が強調されてはいけない。両者が絶妙に組み合わさることで生まれる辛さのハーモニー。それこそが四川料理の極致なのだ。

「からいからいからいからいからい……」

あまりの辛さに、ゆっくり感想を呟く余裕もなく、お経を唱えるかのようにブツブツと早口になってしまいそうなほどだ。もっとも、ぼっち火鍋だから、感想を言い合う相手もいないのだけれど。

地下鉄の路線網が拡大し、以前よりも市内移動が楽になった成都だが、行きたいと思ったレストランが悉く地下鉄駅からは離れた場所にあった。美食の店ほど案外アクセスしづらい

のだ。

　火鍋を食べた蜀九香もそのひとつだった。百度地図で検索すると、最寄りの地下鉄駅からは徒歩で約十七分と表示された。歩いて行くにはやや遠いが、タクシーに乗るほどでもない微妙な距離と言えるだろうか。

　そんなときに心強いのはシェア自転車だ。これまで訪れてきた中国のほかの都市同様、成都でもカラフルな自転車が街のあちこちに置かれている。前回の旅ですでにアプリに登録済みなので、スマホで簡単に解錠できる。一回の利用料が一元と、ほとんどタダみたいな金額なのもうれしい。

　グーグルではなく百度で情報を収集し、ウィーチャットペイで代金を支払い、シェア自転車で街を縦横無尽に移動する――。

「すっかり染まってしまったなあ」

　火鍋店からの帰路、自転車を漕ぎながら、ニンニクの臭いを漂わせながら呟く。いつの間にか中国人化している自分がおかしく、思わず笑いが込み上げてきたのだった。

終章　ハルビン

（十二）零下二十度のアイスクリーム

それは食後のデザートのような旅だった。省略してもいいが、あると心残りがなくなる。要するに、おまけ的な旅である。

思えば、北京の地に足を踏み入れたのが十月。その後、上海から湖南省を経て広州へ至る旅に出たのが十一月である。さらにその翌十二月には、激辛料理を求めて四川省へ飛んだ。月イチの頻度で繰り返し、かの国を訪れるうちに季節は巡り、気がついたらすっかり真冬に突入していた。

四ヶ月連続となる中国旅行を敢行したのは、年が明けて一月中旬のことだった。行き先はハルビンである。中国最北部の黒竜江省に位置し、ロシアとの国境も近いこの街は冬期には厳しい寒さに見舞われる。一月の平均最低気温は零下二十五度というから想像を絶するレベルだ。

寒いのは大嫌いなくせに、そんな極寒の地へ向かったのには理由がある。かの地で開かれる、氷祭りへ行ってみたかったのだ。

ハルビンの氷祭りは厳冬期の風物詩として知られる。ぜひ一度はこの目で見たいと長年の念願だったのだが、自分の中の中国熱の盛り上がりを受けて、今年こそ行ってみようと心を決めた。

例によって、航空券が安かったことも大きい。北京行きの海南航空や、成都行きの四川航空も破格だったが、今回はさらに最安値を更新した。

成田からハルビンまでの直行便がなんと一万七千六百三十九円。

航空会社はＬＣＣの春秋航空日本で、「ラッキースプリング」というセール運賃でこの金額の日程を見つけた。

ただ、ひとつだけネックがあって、それは何かというと預け荷物の問題だ。セール運賃には預け荷物代が含まれていない。ＬＣＣだから荷物代が別途必要なのは仕方ないが、春秋航空は他社と比較してその基準が厳しいことで有名だ。

国際線の場合、預け荷物を追加すると最低重量の料金でも二千五百円もかかる。往復だと五千円である。航空券の料金が格安であるがゆえに、相対的に割高に感じられたのが正直なところだ。

ならば荷物をコンパクトにまとめ、すべて機内持ち込みにするのもＬＣＣの旅の常套手段だが、同社では機内持ち込み荷物も五キロまでというかなり厳しい制限を設けている。ＬＣＣの業界標準は七キロである。二キロも違うと、持ち運べる量に大きな差が生じるのは確かだ。

今回は行き先が極寒のハルビンということもあって、防寒着などでいつも以上に荷物がかさばりそうな懸念もあった。ただでさえ重量制限が厳しいのに、逆に荷物は多いという、逆境に次ぐ逆境状態。

さて、どうしたものか――。

うんうん悩んだ末、結局、五キロ以内に抑える方向でがんばってみることにした。五千円をケチったわけだが、やり方次第では払わないで済むものにお金を使うのが癪だったからだ。

自宅の体重計でカバンの重さを量りながら、何度もパッキングをやり直した。重量が増える主原因となっている電子機器類を大幅に減らし、衣類も日数分だけに限定した。カバン自体も極力軽い、リュックタイプのものにした。さらにはかさばる服はなるべく搭乗時に着用する作戦を駆使することで、極限までシェイプアップする。ほとんど意地になって減量した結果、四・九キロまで抑えることに成功したのだった。

「これで実際にはほとんどチェックされなかったりして……」

などと内心甘く見てもいたのだが、成田空港でのチェックイン時にはしっかり一人一人細かく荷物を確認していた。僕が背負っていたリュックも、いったん下ろして計量台に置いてくれと指示されたほどだ。

春秋航空日本はれっきとした日系エアラインである。上海を拠点とする春秋航空本体も日本へ就航しているが、成田に発着する国際線は春秋航空日本が運航している。誤解しやすい点だが、両社は別会社だ。

荷物の制限がゆるくない一方で、日系エアラインであるがゆえの安心感はある。客室乗務員は日本人が大半で、日本語の機内誌は用意されているし、機内アナウンスなどもメインは日本語だ。

加えて、ハルビンまでは意外と近かったので拍子抜けした。飛行時間はわずかに三時間である。僻地のイメージが強いせいで身構えていたのだが、感覚的にはソウルあたりへ行くのとほとんど変わらない。

「なんだか楽勝だなあ」

と高をくくっていたのだが——油断は大敵とはよく言ったものだ。

事件は到着してすぐに起こった。

ハルビン空港の国際線ターミナルは「えっコレ？」と疑いたくなるほど簡素な施設だった。建物自体がこぢんまりとしており、狭い到着ロビーには両替所が唯一あったが、ブース内はもぬけの殻で誰もいない。一度外へ出て、ぐるりと回って出発ロビーへ向かうと、かろうじてATMが一台見つかった。

　そこでお金をおろし終えると、タクシーの客引きに声をかけられた。まるでこちらの行動を見張られていたかのようで怖くなり、無視して足早に逃走する。

　市内まではバスがあると聞いていたが、空港前の空間を見渡す限り、それらしき車両は一台も停まっていない。かくなるうえはタクシーに乗るしかなさそうなのだが、白タクは避けるのが旅の鉄則である。

　到着ロビーを出たあたりに、タクシーが順に並んでいた。見たところ、これが正規のタクシー乗り場のようなので、先頭に停まっていたクルマに声をかけた。

　運転席に座っていたのは、ひげを生やしたクマのような大男だった。目が合うと強面（こわもて）の

空港の国際線ターミナル。国内線ターミナルとは離れた場所にある。

外見からは想像できないほどのスマイルを浮かべ、僕に乗るように促した。スマホに予約しているホテルを表示させると、男はそれを一瞥して頷いた。良かった、知っているようだ。

「なんだか楽勝だなあ」

繰り返し、一人ごちる。この時点ではまだのんびり構えていた。中国の旅も半年足らずで四度目ということもあって、すっかり気が緩んでいた。

アレ？　となったのは、空港を出発する直前に助手席に別の男が乗り込んできたからだった。運転手が僕に何かを説明したが、中国語なので意味が分からない。助手席に座ったのは大学生ぐらいに見える若い男だった。

自分の中でにわかに警戒信号が灯る。

海外のタクシーで、運転手以外の人間が乗り込んできたときは要注意である。良からぬことが起こる前触れなのだと、過去の旅で学んできた。

続いて、さらに不信感が募る出来事が起こった。

空港の出口には集金所があって、駐車料金を支払う段取りになっていたのだが、運転手が僕にそのお金を出すよう要求したのだ。こういうケースでは、運転手が払うことの方が多い。

釈然としない気持ちはありつつも、成り行き上仕方なく財布を開いたら、五十元や百元といった高額紙幣しか入っていなかった。

しぶしぶ五十元札を渡すと、集金所のスタッフが二十元札を二枚返してよこしたのが見えたが——運転手はなぜかそれを僕に返却せず、ダッシュボードの上に置いた。代わりに硬貨だけ僕に返してくる。見ると、二元だった。つまり、駐車料金は八元ということなのだろう。

残りの四十元も返してほしいと、僕はもちろん主張した。

すると、前に座っている二人に中国語で諭されてしまった。こういうとき、言葉が分からないのはつらい。ジェスチャー交じりに理由を問い質して解釈できたのは、これから高速道路に乗るのでその料金が必要なのだということだった。なるほど、と納得しそうになるが、高速代が四十元というのはいささか高いのではないかという気もする。

——怪しい、怪しすぎる。

警戒信号が黄色から赤に変わり始めた。しかし、すでに空港を出発してしまったし、いまさら降りるというわけにもいかない。窓の外には見渡す限りの真っ白な雪の世界が広がっていた。気温は確実に氷点下である。こんなところで置き去りにされたら、冗談ではなく生死にかかわりそうだ。

八方ふさがりだった。どうすることもできず、無事に目的地に着いてくれるよう後部座席で祈ることしかできなかった。

そんな僕の気持ちを知ってか知らでか、運転手と若い男は妙ににこやかだった。たぶん、彼らの家族か何かなのだろう。自分のスマホに動画を表示させ、僕に見せてくる。ほのぼのとしたホームビデオのような内容だ。

なんだか微笑ましい光景なのだが、やけにフレンドリーな彼らの応対がすべて演技だったと分かったのは、タクシーがホテルに到着したときのことだった。僕の嫌な予感は的中したのだ。

支払いの段になり、メーターを見ると信じられない数字が表示されていた。

４８５……えっ。

四百八十五元？　ありえない！　日本円にして八千円以上である。

実は気になって、走行する車内でネットの情報を収集していた。それらによると、空港から市内までのタクシー運賃の相場は百数十元のようだった。大抵は個人のブログなどで金額はまちまちなのだが、僕が確認した限り、最も高い記述でも二百元程度となっていた。四百八十五元というのは法外である。すがすがしいまでのボッタクリぶりと言っていい。

そもそも、高速代と称してすでに四十元も徴収されている。

「高すぎるよ」

日本語で文句を言ってみる。向こうは当然言葉の意味は分からないだろうが、抗議の意思は伝わったようだった。

助手席の男が素早く車を降りた。そのままぐるりと後方へ回って、トランクを上にあげた。あとで冷静になってから悟ったのだが、あれはきっとナンバープレートを隠すための行動だ。あるいは車内の様子が外から見えないように、という意図もあるかもしれない。若い男はそのまま車のそばで待機していた。おそらく周囲を監視する役まわりなのだろう。

車内には運転手と僕の二人きりとなった。

「高すぎる。そんな金額は払えない」

日本語で言って、英語でも言い直した。運転手の男が中国語で何かを反論した。払う必要なしと見た僕は、男に百元札を一枚だけ渡した。そのまま車を降りてずらかるつもりだったが――。

その瞬間、相手が豹変した。先ほどまでの笑顔は消え去り、鬼の形相を浮かべた。口調も暴力的なものに変わり、ものすごい剣幕でまくしたててきた。元々クマのような大男だから、その迫力はすさまじく、気圧(けお)されそうになる。

とはいえ、脅されて「はい、わかりました」と素直に従うほど自分はうぶではない。面倒ごとは嫌いだから、普段なら多少ふっかけられても、「まあいっか」と払ってしまったりもするのだけれど、高すぎる。限度がある。

「無理だよ。高すぎる。払えない」

勇気を奮って立ち向かった。首を振って、拒絶の意思を伝えた。

するとと、向こうもぼっている自覚があるのだろう。

と、クマ男は値段をまけてきた。四百八十五元から一気に金額が下がったが、それでもまだかなり高い。

「三百だ」

そこからは、お互い意味の伝わらない言葉の応酬になった。相手が中国語で何か言って、僕が英語交じりの日本語で言い返す。といっても、こういうシチュエーションでは、不思議と相手の言いたいことが分かる。

やりあっているうちに高揚してきたのか、クマ男の舌鋒はマグマのように熱を帯びてきた。正直なところ、恐怖も感じた。このままでは埒が明かないから、悔しいけれど、本当にやり切れないけれど僕は折れることにした。

「そうしたら二百元、払うよ」

ところが、それでもクマ男は納得しなかった。

「だめだ、三百だ」

敵ながら天晴と言えるしぶとさを見せ、主張を曲げようとしない。

僕はここが引き時と決め、最初に渡した百元札に加えて、もう一枚の百元札を男に渡した。

もうこれでいいでしょうと言わんばかりの態度で、車を降りようとドアに手をかけると――。

クマ男は激高した。車外にまで漏れ聞こえそうなほどの大声で何かを叫び、僕が渡した二枚のお札をこちらに投げ返してきた。大の大人にしては感情的すぎるその行動は、まるで癇癪を起こした二歳児のようだなあと思った。

ただ、怒り狂ってはいるが、どこか演技がかっているようにも見える。きっと元々は演技も多分にあったのだろうが、交渉が長引くうちに演技する自分に酔ってしまったパターンもあり得そうだ。

もう少し若かった頃の僕ならば、一歩も譲らず真っ向勝負を挑んだかもしれない。キレる相手には、キレて返す――時にはバトルも避けられないのが旅というものなのだと思い込んでいた時期もあった。

しかし、それももう昔話だ。言い返したくなる気持ちをグッとこらえ、相手の情に訴えかける作戦に変更することにした。

「パンヤオ」

僕は中国語で「友だち」を意味する言葉を口にした。漢字だと「朋友」と書く。繰り返しその単語を呟きながら、興奮するクマ男をなだめるように肩にポンポンと手を置く。

「パンヤオ」

相手が何を言っても、ひたすらその言葉を連呼する。名付けて、パンヤオ作戦である。

この作戦の効果はてきめんだった。クマ男はだんだん冷静になってきて、言葉数も減ってきた。しまいにはとうとう二百元を受け取り、僕に行っていいと目で促した。遂に解放の瞬間が訪れたのだった。

車を降りたら氷点下の冷気が体にまとわりついてきた。外で待機していた助手席の男がこちらを睨みつけているのを尻目に、ホテルのフロントへとそそくさと退散する。結局トータルで二百四十八元も払った計算になる。いやはや、ひどい目に遭ったなあ。

ハルビンでの宿はイビス・ホテルを予約していた。今期最初の旅で、北京で泊まったあのイビスなのだが、チェックインして部屋に入ったら既視感を覚えた。

「北京のイビスとまったく同じだ……」

室内の家具やベッドなどの種類および配置場所が、北京で泊まった部屋と完全に一致していたのだ。あまりにも瓜二つなので、タイムスリップしたようだ。

「懐かしいなあ」

北京の旅を思い出して、遠い目になった。あれからまだ四ヶ月しか経っていないのに、もうだいぶ大昔のことのように思えてくる。

北京のイビスでは空調が弱かったが、ここでは部屋の中は暑いぐらいに暖房が効いていた。外と中の極端な温度差が新鮮で、外を歩き回って帰ってきたときのありがたみもひとしおだった。

氷点下が当たり前のハルビンである。鼻毛も凍る寒さだと聞いていたから、自分なりにしっかり防寒対策はしてきたつもりだった。今回は大半の衣類をユニクロで調達してきた。参考までに書いておこう。

まず、上下共にヒートテックである。下は超極暖タイプ、上はタートルネックの極暖タイプ（超極暖にはタートルがないため）と、可能な限り厚手のものを選んだ。そうしてズボンに暖パンをはく。

上にはエクストラファインメリノの薄手のウールニット、裏起毛のタートルネックのフリース、厚手のウール百パーセントのセーターを順に着る。ここからアウターとなるが、まずウルトラライトダウン、その上に防風機能のあるブロックテックフリースパーカといった具合。

やりすぎではないかというぐらい重ね着してモコモコ状態で臨む。こうすれば、温度に応じて脱ぎ着しつつ調整もできる。

実際に来てみて感じたのは、そうした重ね着は効果がある一方で、より大切なのは体の先端部分の保温だということ。つまり頭や手、足である。耳まで隠れるニット帽をかぶり、足元も超厚手のウールの靴下にスノーシューズで来たのだがこれが大正解だった。手袋も二つ持ってきて重ねづけした。

中でもこれは必須だなあと感じたのは、首周りの保護だ。ヒートテックのネックウォーマーを導入したのだが、これがあるとないとでは別世界というぐらい暖かくて、本当に重宝した。とにかく、肌が露出する部分を可能な限り減らすのがポイントだ。乾燥防止のため、顔には保湿クリームもたっぷり塗った。

全身ほぼユニクロなので、まるで同社の回し者のようだなあと苦笑しながら歩いていると、ホテルの近くにまさにそのおなじみの赤い看板を見つけてぎょっとしたりもした。ユニクロはここハルビンにも出店しており、しかも街の目抜き通り「中央大街」の一等地に店を構えている。

過剰なまでに着こんでいる旅人とは対照的に、街を歩く人々がみんな結構軽装だったのには驚かされた。帽子や手袋をしていない人もいるから、「えっ、そんな格好で大丈夫ですか？」と余計なお世話を焼きたくなるほどだ。

ハルビンの街並みは、これまで目にしてきた中国のどの街とも違う印象を受けた。一言でいえば、まるでヨーロッパのようである。なんでも、「東方のモスクワ」、あるいは「東方の小パリ」などとも呼ばれるのだという。瀟洒な欧風建築が時代がかった風景を生み出している。

　ぶらぶらしているだけでも、ロシアの影響力を感じるほどだ。街中の看板などには漢字に加え、ロシア語のキリル文字が躍る。ロシア正教の教会などもあって、ひときわ強い存在感を放っている。ロシア人と思しき金髪の女性の姿などもちらほら目にする。

　百数十年前まではのどかな漁村だったこの街は、遼東半島を租借した帝政ロシアが鉄道を建設したことで転機を迎える。シベリア鉄道の要衝であり、欧米企業がこぞって支店を構えたことで国際色豊かな街として発展を遂

聖ソフィア大聖堂。欧風建築に漢字の看板という不思議な組み合わせ。

げた。

　我が国にとっても、浅からぬ縁を持つ街でもある。中国の東北部にかつて存在した旧満州国において、ハルビンは主要都市の一つだった。大和ホテルや日系デパートといった当時の建物が一部残っており、歴史好きなら好奇心を刺激されること請け合いだ。

　そんな土地柄だから、食文化もほかの地域とは違った特徴を持つ。ロシア料理の店が多いのは気になったし、寒いから鍋系の料理もそそる。

　個人的にとくに琴線に触れたのは、餃子の店だ。その名も「東方餃子王」といって、市内各地に複数の支店を持つ大きなチェーンだ。ちょうどホテルの近くにもあったので、意気揚々と突入してみた。

　餃子については北京の旅でも書いたが、日本へ普及したきっかけは旧満州国だという説がある。当時、この地で餃子に触れた人々が、戦後帰国して広めたのだという。

　本場で食べてみて、それは説得力があるエピソードだなあという感想を持った。美味しいのだ。ハルビンで食べた餃子はめちゃくちゃ美味しい。餃子といっても、こちらのものも基本的に焼き餃子ではなく水餃子だ。皮に厚みがあって食感はぷりぷりしている。そうして具はジューシーといった具合。タレも用意されているが、餃子自体に肉などの具の味が染み込んでいるので、そのまま食べても物足りなさは感じない。

具の種類は豊富で、何を注文するか悩む楽しみもある。変わったところではコーン入りのものが気になったので頼んでみた。肉入りのものと比べるとさっぱり系で口直しにちょうどいい。

扱いとしてはあくまでも主食であることにも興味を覚えた。いつもの癖で、料理を一通り頼んだ後で、

「あと、ミーファン（白飯）を」

と言ったら、店員さんが困惑した。なんとライスは置いていないのだという。

「餃子がご飯みたいなものですから」

わざわざ英語の話せるマネージャーを呼んでくれ、事情を説明してくれた。言われてみれば、確かにダブル炭水化物状態になってしまうなあ。餃子とライスを一緒に食べるのは

山盛りの餃子をつまみにビールが進む。ひと皿13元とお手頃価格。

日本人ならではの習慣らしい。

ハルビンではビールが美味しかったのも想定外だった。これまで出合ってきた中国各地のビールと比べて、クセのあまりない味で飲みやすい。

この街の人たちはビールが大好きで、都市別のビール消費量としてはなんと世界で第三位を誇るのだという。過酷な寒さの土地だからこそ、ポカポカした室内でぐびっとやるビールが貴重なものに思えてくるのだった。


お目当ての氷祭りは、心底素晴らしいと思えるものだった。念願叶って訪れただけに感慨深いものがあった。

まず圧倒されたのが、その規模だ。会場は三箇所に分かれているのだが、メインとなる「氷雪大世界」の会場面積はなんと六十万平方キロもある。めまいがしそうなほどの広さは、さすがは中国だなあと感心させられる。

それだけの敷地が必要ということもあって、会場は市内からは離れた場所に位置する。個人で行く場合にはタクシーに頼りたくなるが、空港からの移動で痛い目に遭ったばかりなので、路線バスで向かうことにした。

中央大街から氷雪大世界までは、前述したユニクロ近くにあるバス停から四十七番のバスで行ける。本数が多いし、運賃はわずかに二元だ。何よりぼられたりする心配がいらないのがいい。

氷祭りの時期は稼ぎ時ということもあって、タクシーのボッタクリはとくにひどいのだという話も聞いた。移動手段としてはバスがベストだ。

ちなみにほかの都市ではそこらじゅうで見かけたシェア自転車も、ハルビンではまったく目にしなかった。雪深い街だから、自転車なんて乗る人はいないのだろう。

中国の観光地はどこも料金が高いが、世界的な祭りだけあって氷祭りの入場料は群を抜いて高額だ。しかも三つの会場がそれぞれ別料金となっており、はしごするとなるとそれなりの出費が求められる。

たとえば氷雪大世界の場合、この年（二〇一八年度）は三百三十元となっていた。物価からするとかなりバブリーな値段なのだが、恐ろしいことに年を追うごとに値上がり傾向にあるのだという。なお銀聯カードを含め、クレジットカードは一切使用不可だが、ウィーチャットペイでの支払いには対応していた。

とはいえ、それほど強気なだけあって、内容も期待にこたえるものだ。少なくとも僕は、払った金額に見合う価値はあると感じた。

氷祭りは日中も行われているが、メインはあくまでも夜間だ。これぞまさに中国的センスとでもいうべき、ド派手にライトアップされた世界に身を置くのが正しい楽しみ方である。

　緯度が高いハルビンでは、冬は日が沈むのが早い。日没時間を調べて、十六時頃に会場に着くようにしたら、ちょうど良いタイミングだった。空が徐々に暗くなっていくのとは対照的に、氷の世界がじわりと色づいていく。美しい瞬間に立ち会えた喜びに満たされ、得した気分になった。

　この手のイベントとしては、日本人にはさっぽろ雪まつりが有名だ。僕自身、実家が北海道ということもあって、さっぽろ雪まつりには相当な回数足を運んでいるが、比較するとハルビンの氷祭りは別物という印象を受けた。

　雪まつりと氷祭りというそもそもの形態が異なることに加え、決定的な違いがある。それは、ハルビンの氷祭りは参加型の祭りだということだ。

　さっぽろ雪まつりでは、来訪者は雪像を順に見て回る。基本的には見るお祭りである。子どもが遊べる場所なども一部あるが、あくまでもおまけの要素だ。

　翻ってハルビンでは、各氷像が単なる飾りものではなく、アトラクションのようになっている。西洋風のお城は、氷でできた階段から上れるし、有料のものから無料のものまで滑り台があちこちに設けられている。

　バス停でバスを降りてから会場までの道すがらには、物売りが何人も立っていた。何を売っていたかというと、ソリである。雪国だからソリというのは不自然ではないものの、あまりにも積極的に販売しているし、声をかけられた来場者も次々とお買い上げになっていて気になっていたのだ。

入場してみて、腑に落ちるものがあった。氷の滑り台などを楽しむためには、あのソリがマストアイテムなのだ。つまり、それほどまでに遊べる要素が充実した祭りということになる。

子ども連れの家族がやたらと多いのも、ハルビンの氷祭りの特徴といえるだろうか。凍える寒さにへこたれそうになるのは、大人だけなのかもしれない。会場自体がある意味テーマパークのようなところである。氷でできたお城があって、あちこちがとにかくファン

大人も子どもも楽しめる氷のテーマパークのようなところだ。

タジックだ。

あえて喩えるならば、「アナ雪」の世界という表現が分かりやすい。子どもたちにとって、ここは「夢の国」だ。

――次は家族で来たいな。

日本で留守番している家族の姿が思い浮かんだ。せっかくだから写真を送ろうかと、ポケットからスマホを取り出す。すると、バッテリーがほとんどゼロに近い状態にまで減っていたので仰天した。

そんなに使っていないのに……リチウムイオン電池は寒さに弱いのだ。文明の利器も険しい自然の前には太刀打ちできない、ということか。

ふと気温を見ると、マイナス二十度と表示されていた。

街へ戻って、中央大街をぶらついていると人だかりができていた。

野次馬根性を発揮して、何だろうかと覗いてみると、なんとアイスクリームを売る露店だったからひっくり返りそうになった。棒に刺さったバータイプのアイスだ。付近の路上では、買ったアイスを食べている人の姿も目に付く。見ているこちらが凍えそうになるが、手にしている人たちは不思議と平気そうだ。

マイナス二十度の世界でアイスクリームを食べる人たち――。

いやはや、この国は一筋縄ではいかないというか、愉快痛快というか、とにかくやはり色々とぶっ飛んでいる。

「ほんの少し旅をしただけで、知った気になっている場合ではないのだ！」

と、道端に積もる雪よりも深く反省したのだった。

おわりに

何を目的に旅するかは人それぞれだが、中でも「食」は多くの人にとって、無視できないテーマだと思う。観光や買い物などはしなくてもいいが、ご飯は誰しも必ず食べなければならないからだ。

腹が減っては旅ができぬ——そう言っても決して過言ではないだろう。

今回は食を主題とした旅である。といっても、僕自身は料理の専門家などではないし、グルメを自任しているわけでもない。食べるのは大好きだから、純粋に美味しいものを求めて旅に出た、というだけのことだ。

行き先として狙いを定めたのは中国だった。世界三大料理のひとつに数えられ、日本人にとってとても身近な中華料理だけに、本場へ行けばきっと美味いものにありつけるだろう、という魂胆があった。

実際に訪れてみた中国は、やはり美食の国だった。種類がとにかく豊富で、短い旅では食べ尽くせないほどだ。中には口に合わないものもあったが、総じて見ればこれほど食べ歩きが楽しい旅先も珍しいという感想を抱いた。

国土の広い中国だけに、食文化にも地域性が見られる点はとくに興味深い。層が厚い、とでも言うか。その地、その地に名物料理がちゃんと存在するから、「次はあそこへ食べに行こう」と、リピートしたくなる魅力がある。

最初に訪問した北京を皮切りに、上海から広州への旅、さらには四川省の成都や、ハルビンに氷祭りを観に行くなど、繰り返しかの国を訪れた一部始終を本書に収録している。自分でも怖いぐらいにどっぷりハマってしまったのは、何よりかの国が美味しいものにあふれていたことが最大の理由だ。


一方で、食以外に目を向けても、改めておもしろい国だなあと思った。良くも悪くもネタが尽きないから、書くことが多すぎて紙数がいつもより明らかに多くなった。これまでもたびたび訪れているはずなのに、行くたびに新鮮な発見があって飽きない。書き手冥利に尽きる旅先と言ってもいい。

本書の冒頭で、中国の旅は快適ではないという話について触れ、その理由をいくつか挙げた。旅を終えたいま、それらの一部は訂正あるいは補足する必要があると感じた。

「あれ、こんなに快適だったっけ?」

と驚かされたのだ。相変わらず中国は突っ込みどころだらけで、ネタの宝庫であるものの、以前よりも旅しやすくなっているのは間違いない。

中でも印象がガラリと変わったのがインターネット環境についてだ。

この国ではグーグルをはじめ、西側諸国のSNSなどを悉く遮断している。日常的に使い慣れているウェブサービスが使えないのはやはり不便ではあるのだが、旅をするうちにこれも考え方次第かなと思い直した。

代わりとなる中国ローカルのサービスが充実しているからだ。

グーグルマップがダメなら百度地図を使えばいい。メッセージのやり取りには微信（ウィーチャット）がある。機能的には遜色ないし、むしろ使い勝手が良かったりする。中国独自のスマホ決済やシェア自転車などは、使い慣れると手放せない。日本でも普及して欲しいぐらいだ。

ガジェット好きで、普段からネットへの依存度がやたらめったら高い旅人としては、それら最先端の技術に触れられたことも刺激的で、中国旅に改めてのめり込むきっかけのひとつになった。

本書は、二〇一七年後半から二〇一八年初頭にかけて旅した中国の姿を描いている。進化のスピードが高速な国だから、その種のIT事情などは数年後にはまた様変わりしている可能性はあるが、とりあえず現時点での最新版として捉えて頂ければ幸いだ。

そういえば、二〇一七年の暮れには年末年始の海外旅行先の人気ランキングにおいて中国が上昇し、ベストテン入りを果たしたという報道を目にした。

これまた冒頭で触れた内容だが、最後にもう一度書いておく。

——本当はおもしろい、少なくとも美味しい。

本書で伝えたいことは、このメッセージに凝縮されている。

食わず嫌いしている人——以前の自分もまさにそうだったのだけれど——には、「中国旅、実は結構いいですよ」と、とくに強くオススメしておきたい。


幻冬舎から出してきたこの旅行記シリーズも本書で六作目となった。編集の伊東朋夏さん、永島賞二さん、装幀の斉藤いづみさんには今回もお世話になりました。そして留守の間、我が家を支えてくれた奥さんにこれまで以上に感謝の気持ちを込めながらありがとうと書いて、筆をおきたいと思います。

二〇一八年二月六日　美味しい旅はいい旅だ、と確信しつつ
吉田友和

この作品は書き下ろしです。原稿枚数４１８枚（４００字詰め）。

北京でいただきます、四川でごちそうさま。

四大中華と絶品料理を巡る旅

吉田友和

平成30年4月10日　初版発行

発行人――石原正康
編集人――袖山満一子
発行所――株式会社幻冬舎
〒151-0051東京都渋谷区千駄ヶ谷4-9-7
電話　03(5411)6222(営業)
　　　03(5411)6211(編集)
　　　振替00120-8-767643

印刷・製本―近代美術株式会社
装丁者――高橋雅之

幻冬舎文庫

ISBN978-4-344-42734-1　C0195　よ-18-8